普 天 之 下 · 盡 是 好 書

普天出版家族
Popular Press Family

凌雲文創
A-Plus Creative Company

用幽默的心情，面對讓人抓狂的事情

幽默的人，不會為了小事情氣不停II

WITH HUMOR FACED WITH CRAZY THING

塞德娜 編著

畢達哥拉斯曾說：

**做自己感情的奴隸，
比做暴君的奴僕更為不幸。**

成功的人，往往懂得控制自己的心境；失敗的人，則容易困在負面情緒裡作繭自縛。
面對那些讓人抓狂的事情，最重要的其實是先處理好自己的心情，這將決定你最後是化阻力為助力，
舉步向前邁進，抑或就此敗在惡劣的心情之下。當你準備處理事情之前，千萬別忘了先處理自己的心情。

•出版序•

先處理心情，再處理事情

弱點與優點，往往是一體兩面、相輔相成的，利用自己的弱點，既能低頭避過正面攻擊，又能側身伺機迎擊。

畢達哥拉斯曾說：「做自己感情的奴隸，比做暴君的奴僕更為不幸。」

因爲，一個成熟有智慧的人，並不會動不動就用生氣來解決問題，而是會用機智來代替生氣的幼稚行爲。

成功的人，往往懂得控制自己的心境；失敗的人，則容易困在負面情緒裡作繭自縛。面對那些讓人抓狂的事情，

最重要的其實是先處理好自己的心情，用幽默的方式因應，這將決定你最後是化阻力爲助力，舉步向前邁進，抑或就此敗在惡劣的心情之下。

高壯堅強的大樹，目標顯著，一有強風吹來，硬碰硬的結果，總是樹倒枝斷；柔軟弱小的青草，毫不起眼，順風而動，伏倒之後總能再藉勢站起。

不會有人永遠是強者，每個人都有屬於自己的弱點。正視自己的弱點，思索因應的方法，反而能在夾縫中求得生機。

強者有強者的優勢，弱者同樣有自己生存的空間，過度逃避和掩飾自己的短處，恐怕就會讓自己的弱點成爲眞正的致命傷。

聯合國發起人之一的羅慕洛，曾經擔任菲律賓的外交部長，是世界相當知名的

社會運動家。

羅慕洛的聰明才智從很小的時候就展露出來了，他唯一的缺憾就是身材過於矮小，外形極不起眼。因為這一點，讓他待人處世之時總是特別注意別人的目光，一方面對自己的身材感到自慚形穢；一方面也認為別人會因此瞧不起他。於是他故意買了很多高跟鞋來穿，希望能在外表上扳回一些優勢。

可是，穿了高跟鞋的他，身材並沒有高大到哪裡去，反而因為穿上高跟鞋令別人感覺更矮了，就有人當著他的面嘲笑說：「矮子天生矮，就算穿上高跟鞋也高不到哪裡去！」

聽到這種嘲諷，他憤而捨棄所有的高跟鞋，從此不在自己的身高上做文章。他發揮自己的專長，比別人更加刻苦地學習，積極努力地尋找每一個往上爬機會，以實力證明身高絕對不是問

題。

二次大戰結束，聯合國成立大會進行當天，羅慕洛即以菲律賓代表團團長的身分應邀上台發表演說。由於講台的高度是以西方人的身材為標準設計的，所以羅慕洛上台時，大家只能看見他的兩隻眼睛而已，一時之間，許多人大笑起來，場面萬分尷尬。

羅慕洛態度相當鎮靜，不發一言，等到所有的笑聲止息後，他才舉起一隻手，用力地揮動，大大方方地說：「讓我們把這個會場當成最後的戰場吧！」語音未落，在場所有的人都靜了下來，而後響起如雷的掌聲。

西方有句諺語說：「有勇氣而沒有機智，這種勇氣就是幼稚。」

換言之，一個有勇氣光著腳丫去踢石頭的人，絕對不會比用機智去叫別人幫自

己踢石頭的人更聰明更有智慧。

羅慕洛以過人的氣度，展現了恢弘的胸襟，在那個以嘲諷和戲謔爲武器的戰場，他的冷靜還擊獲得了徹底的勝利。他的弱點，在他的機智冷靜應對之下，成爲一種絕對反差，反而更突顯了他個人的優點。

弱點與優點，往往是一體兩面、相輔相成的，利用自己的弱點，既能低頭避過正面攻擊，又能側身伺機迎擊。

作家喬治．桑曾說：「嗔怒的心情，經常會使小過變成大禍，讓自己從有理變成無理。」

確實如此，心情好壞往往決定事情成敗，無論面對任何事情，必須切記先將自己的心情處理妥當以後，再處理事情，千萬別讓心情影響自己所做的任何判斷或決定，才不會造成事後懊悔不已。

現實生活中，讓人抓狂的事情很多，如果凡事都要認眞計較、針鋒相對，只會形成巨大的心理重擔。相對的，只要懂得用幽默詼諧的方式面對，大多數煩惱就會在風趣的氛圍中煙消雲散。

PART 1
用機智化解彼此的爭執

夫妻之間，應該要維持對等的態度，外在的身分地位，最好不要帶進兩人的生活裡，更切記別帶回房裡。

PART 2

多一分耐性，就少一分紛爭

遇上問題的時候，別急著生氣，先試著控製自己的怒氣，想清楚前因後果，才能夠據理力爭。

PART 3

越是危急的情境越要冷靜

面對危急時，最好的應對之策，就是使自己先冷靜下來，靜心想方法、想謀略。遇事要冷靜，不只是一句口號，而是生存之道。

PART 4

拐彎抹角有什麼不好？

以幽默的方式，不直接面對問題，而採取拐彎抹角的手段，可以消弭彼此針鋒相對的尖銳感，當然，也可以更圓滿地解決問題。

PART 5 要真心建議，不要惡意批評

同樣的意見，說得好是建議，說得不好是批評，所以，一定要小心謹慎，以免好心卻被誤以為惡意。

PART 6

用幽默的態度看待惱人的小事

恩怨情仇皆是生活中的小事，想擁有一段幸福圓滿的人生，就該幽默以對，別再讓生活中的小事困住自己。

PART 7

不要讓自己的幽默太過火

輕鬆生活不代表可以隨性作為，幽默也不可過火，唯有能保有自己的真性誠心，才能期待良善社會環境的建立。

PART 8

別用情緒處理事情

幽默一點，別再用情緒解題，也別輕忽了態度的重要，因為這些都是人們評斷的重要依據，稍有偏差，便難得敬重與肯定。

PART 9

用幽默將生活的框架突破

不想受困於「有限」的生活空間，便得讓自己擁有「無限」的心境與思考智慧，讓自己幽默一點。

PART 10

幽默看待，才會自在愉快

不想心情老是蒙上憂愁，多學會放下工作的煩悶壓力吧！認真且幽默地看待一切，你我才可能擁有自在愉快的人生。

PART 11

冷靜處事，才能減少爭執

人與人之間若想多一點和諧，便要多用一些智慧，也多學會控製自己的脾氣，並多學習理性處的冷靜智慧。

01 用機智化解彼此的爭執

夫妻之間，應該要維持對等的態度，外在的身分地位，最好不要帶進兩人的生活裡，更切記別帶回房裡。

活用機智，就能找到出路

遇到困難時要活用自己的機智，與其預先去想種種不可能，一步也踏不出去，還不如花點心思分析多種可能性。

孟子曾經藉魚與熊掌比喻兩者都是自己所愛，但是必須有所取捨時，即便左右爲難，也要做出抉擇。

當然，不管選了哪一個，人終究還是會後悔地想著，當初如果選另一個，結果會不會有所改變。

只是，人生並非處處都是是非題，有時轉換一下想法，想要「魚與熊掌兼得」，似乎也不是不可能的事。

著名文學家沈從文的表侄黃永玉，是一位知名的大畫家。

某天，有人問他為何可以一手畫好山水，一手寫妙文章，如此一心二用不怕兩者皆空嗎？

他沒有直接回答，而是說了這麼一個小故事。

甲乙兩名信徒都酷愛吸煙，甲問神父：「我祈禱時可以吸煙嗎？」

神父立刻大聲斥責說：「那怎麼行！」

接著，乙問神父：「我走路時想著上帝，吃飯時想著上帝，如果吸煙時也想著上帝，可不可以？」

神父說：「當然可以。」

這個故事聽起來雖然有點詭辯、賣弄文字遊戲的感覺，但是事情的確不是只有一種處理方法。規定是死的，人是活的，靈活變通便可以更圓融地面對人生的種種問題。

甲信徒將問題的重點放在吸煙上，至於乙信徒則將焦點鎖定在「心中有上帝」，當然神父所給的答案天差地別。

這當然是一則邏輯上的笑話，但是也可看出立場不同，觀照的重點不同，往往會造成不同的行動與想法。

所以，如果一直想著選了魚就不能選熊掌，或是選了熊掌便會失去魚，那麼這兩者的確沒有辦法全部擁有。然而，若是以既要魚又要熊掌的角度出發去設想，說不定就能找出兩者兼得的好方法。

黃永玉以這個故事妙答別人對他的疑問，說明作畫與寫文章，其實並不互相牴觸，可以同時進行。

當然，人是沒辦法一邊寫文章一邊作畫，又不是金庸筆下人物小龍女，可以左手畫圓右手畫方，雙管齊下；可是，卻可以在寫文章的時候心中織構美麗的畫面，而在繪製山水時創造詩意的詞句，兩者並不相違背。

現實生活也是如此，遇到困難時要活用自己的機智。與其預先去設想種種不可能，一步也踏不出去，還不如花點心思分析各種可能性，畢竟條條大路通羅馬，很多小路也可以通抵羅馬，只要想走一定走得到。

就算山窮水盡，自己炸開一條路也是一種辦法，只要多運用創造性的思考，前景必然會有柳暗花明的驚喜。

用機智化解彼此的爭執

夫妻之間，應該要維持對等的態度，外在的身分地位，最好不要帶進兩人的生活裡，更切記別帶回房裡。

儘管有人鎮日想著如何攀龍附鳳，看看是不是能夠少奮鬥個二、三十年，坐享婚姻關係所帶來的好處，不過，大部分人還是由衷希望自己能夠覓得一位完美的終生伴侶。

但是，就算神仙眷屬，也需要面對日常生活中的種種煩惱，也和平凡夫妻一樣有他們各自的家庭問題需要去解決。

每個人都是不同的個體，人與人之間永遠不可能相同，彼此之間只要有了比較，就有了差異，就有了高低。平心而論，有誰願意永遠被壓得死死的？積怨久了，就很容易發生爭執。

這樣的關係如果出現在親密的夫妻之間，往往就成了家庭爭執的主要導火線，倘若夫妻二人不能冷靜下來彼此協調，修正彼此的態度，想要「床頭吵，床尾和」可就不那麼容易了。

身為大不列顛帝國最高領袖的維多利亞女王，在身分和地位上當然比起自己的夫婿高出許多。

但即便是皇室婚姻，本質也是由一男一女組成的平凡夫妻，平常人會遇到的家庭問題，他們也同樣會有，而且更易產生衝擊。因此，女王與妻子、丈夫與臣下，雙重的

身分使得他們夫妻間的關係變得複雜多了。

有一次，維多利亞女王因為細故與丈夫吵了架，丈夫一怒之下獨自回到臥室，閉門不出。

等女王打算回臥室時，卻不得其門而入，只好敲門。

丈夫在裡邊問：「誰？」

維多利亞傲然回答：「女王。」

沒想到裡面既不開門，也無聲息，她只好再次敲門。

裡頭又問：「誰？」

「維多利亞。」女王回答。

還是沒有動靜，女王只得再次敲門。

裡頭再問：「誰？」

女王學乖了，柔聲回答：「你的妻子。」

這一次，門終於打開了。

只要是夫妻，一定會有吵架的情況發生，當彼此的意見相左之時也難免會發生一些爭執。

維多利亞女王萬人之上，又豈可能屈居於一人之下，即使那人是自己的丈夫，端久了的架子，當然很難放得下來，對丈夫頤氣指使的情況一定在所難免，吵架的時候八成也會佔上風；於是，身爲女王的夫婿就必須在「男子漢」和「軟腳蝦」之間做出選擇。

維多利亞女王的夫婿做法冷靜多了，在當下與外人之前不吵，目的就在於尊重對方的身分地位，但是心中的怒氣可還是得找個管道來宣洩，我不開門總可以吧！想進門就先放下女王的身段再說。

既然要共同生活，就應該了解彼此的尺度與限度，如果單方面長久忍耐，最後勢必導致悲劇收場。

夫妻之間，應該要維持對等的態度，互信互賴、相互尊重才對，外在的身分地位，或是社會上的形象，最好不要帶進兩人的生活裡，更切記別帶回房裡。

更重要的是，要懂得用機智幽默化解彼此的爭執衝突。夫妻的情分可是修了一百年才得到的，當然要一起走得長長久久，相互扶持，相互照顧。

在這個養兒難防老的時代，如果能有個相知相惜的老伴相陪，可以說是再幸福不過的事了。

心境決定環境，氣度決定一個人的高度，如果你對眼前的人事物感到厭倦，不妨靜下心來用寬闊的心胸加以看待，如此一來，你便會從生活和工作中，看到開闊的前景，找到屬於自己的快樂。

別被馬屁薰昏了頭

在享受恭維的同時，可別被薰得陶陶然，飄飄欲仙而忘了自己是誰，畢竟會拍馬屁的人，都是為了某種目的而來。

即使時代變遷，世事紛迭，馬屁文化仍舊歷久不歇。

爲了達成自己的目的，說句好聽的話吹捧吹捧對方，對自己沒什麼壞處，說不定能得到更多的好處，畢竟誰都愛聽甜言蜜語。

只是，當馬屁迎面而來的時候，你能夠把持住自己的立場和行事風格，不被薰昏了頭嗎？

防範馬屁的第一守則，就是要保持鎮定，不要幼稚得別人家才說了幾句好聽的話，就高興得飛上天。

在第二次世界大戰中，邱吉爾對於保衛英倫三島不受德軍侵犯，有卓越的功動，也深受民眾景仰。

戰後，他退下首相之位，當時，英國國會原擬通過提案，為他塑造一尊銅像，置立於公園內，讓眾瞻仰致意。

一般人均將此視為殊榮，高興還來不及，怎麼可能推辭？

但是，邱吉爾卻笑著回絕。

他對國會議員們這麼說：「多謝大家的好意，不過，我怕鳥兒喜歡在我的銅像上拉屎，還是請免了吧。」

這就是邱吉爾的幽默，在玩笑之中婉拒了一群馬屁精的提議。

本來嘛，建座塑像有什麼實質的作用呢？

還不如將這些預算用在更有意義的事情上，比方設立為戰後重建基金，所能受惠的人不是更多呢？

身分地位愈高的人，被拍馬屁的機會就愈高，而且拍來的馬屁也愈高明，但是，在享受恭維的同時，可別被薰得陶陶然，飄飄欲仙而忘了自己是誰，畢竟會拍馬屁的人，都是爲了某種目的而來，是不是眞心的恭維可就不得而知了。

雖然說要不要答應他們的要求，或是欠他們人情，選擇權是握在自己手上，但是對方可不會輕易地放棄呢！

要是遇到手段拙劣的馬屁精，拍得膚淺又沒拍到應拍的部位，那可就不是那麼令人愉悅的事了。

有的身居高位的人馬屁被拍多了，難免會對自己的周遭產生懷疑，懷疑別人對自己的好是否都有不良意圖，疑神疑鬼之餘，反而有了許多無形的精神壓力，這又何苦來哉呢？

如果別人虛情假意的恭維，讓自己感到不舒服，那麼就虛應一番，轉移對方的注意力，聰明的人一聽就明白，也就不會再窮追猛打。

至於少根筋的馬屁精，必要時就得嚴正地婉拒，讓對方明白自己的立場，才是釜底抽薪的最佳解決方案。

說話得體，才能無往不利

懂得適時適地說好話，才能得到預期的效果，也才能運用話語的力量，在人與人之間製造出減少摩擦的潤滑劑。

黎巴嫩詩人紀伯倫曾經這麼說：「幽默感就是分寸。」又這麼說：「風趣往往是一副面具。你如能把它扯下來，你將發現一個被激惱了的才智，或是在變著戲法的聰明。」

幽默的話語可以怡情養性，也可以增添生活情趣。

不過，說話可是一門大藝術，話說得得體、說得漂亮，可以事半功倍，相得益彰，爲整體表現加分。

相對的，一旦話說得不好，則反而會招來反效果，不如不說。

大作家馬克．吐溫曾經收到一位文藝青年的來信。

這位年輕人初學寫作，除了在信中對馬克．吐溫表達欣羨、敬仰之意，還提出了一個問題請教馬克．吐溫。

「聽說魚骨裡含有大量有助於補腦的成分——磷質，那麼要成為一個舉世聞名的大作家，就必須吃很多的魚才行吧？不知您覺得這種說法是否符合實際？」

接著，他又問道：「您是否也吃了很多的魚，吃的又是哪一種魚呢？」

馬克．吐溫讀完這封令人哭笑不得的信，只簡單地回覆幾個字：「看來，你恐怕得吃下一隻鯨魚才行。」

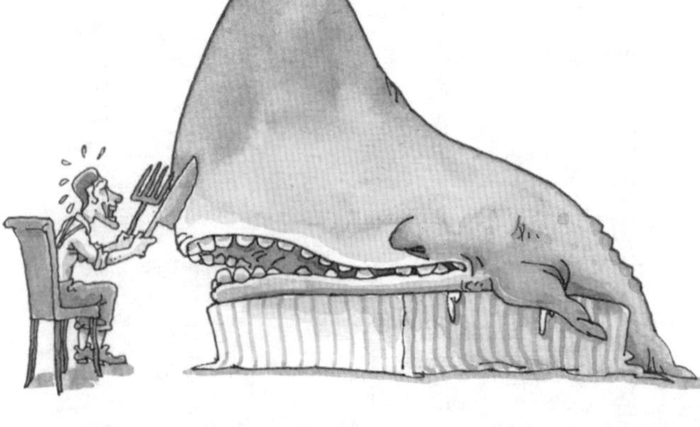

如果這位讀者根本不是馬克·吐溫的書迷，而是要寫信來吐槽的，那就另當別論，不然，原本一封向自己喜歡的作家表達敬意的書信，最後卻落得作家冷冷回應，心中必定感到錯愕。

但仔細想想，爲什麼馬克·吐溫讀了信，卻一點也不覺得高興，反而覺得有必要回信諷刺一番呢？

問題就出在那位讀者膚淺幼稚、用詞不當，縱使說者無心，但聽在聽者耳中，卻完全不是那麼一回事，誤會很難不產生。

特別是馬克·吐溫對於來信者又不熟識，當然沒有辦法考量對方是否沒有惡意。在不悅之餘，還能以幽默的態度來回敬，已經算是好修養了。

懂得適時適地說正確好話，才能得到預期的效果，也才能運用話語的力量，在人與人之間製造出減少摩擦的潤滑劑，處事圓融、說話得體、態度眞誠，人際關係便能無往不利。

卑微，也是一種成功的手段

溝通的模式有千百種，唯有靈活運用智慧，看準時機，善用方法，才能胸有成竹地完成任務。

挺拔的大樹和柔韌的小草比較起來，的確是大樹威嚴強勢多了，但一旦颶風襲來，大樹卻往往難逃摧折的命運，反倒是看來柔弱不堪的小草，順風匍匐，得以保全了自己。

其實，現實的人生也是如此，強者不一定每次都能夠順利成功，硬碰硬的結果，很可能是兩敗俱亡，對誰都沒好處。卑微，在必要的時候，其實也可以是一種成功的手段。

愛因斯坦以提出相對論的理論而名聲大噪，但生活仍一如平日般樸實的他最討厭出風頭，面對接連不斷的作家採訪或畫家繪像的要求，他一概予以拒絕。

但是有一次，他卻改變了態度。

那一天，一位畫家前來請求為他繪製畫像。愛因斯坦照例以一貫的態度快速地回絕道：「不，不，我沒有時間。」

「但是，不瞞您說，我非常需要畫這幅畫所得的錢啊。」畫家表情懇切地拜託說。

「喔，那就是另外一回事了，」愛因斯坦改變了態度：「我現在就可以坐下來讓您畫像。」

愛因斯坦是一位極重原

則與個人隱私的學者與科學家，他生性淡泊、不喜熱鬧、討厭記者，以及絕不多話的特色，幾乎和他對於科學的執著鑽研態度齊名。

但是，這名畫家卻能突破他的心防，使得愛因斯坦改變初衷，坐下來讓他為他畫肖像——原本他極為厭惡的事。

因為，這位畫家掌握了愛因斯坦心慈的一面，善用了自己弱者的形象，於是輕鬆地達到目的。

每個人自然而然地會對比自己弱小的對象放下心防，或許伸出援手，或許緩下毒手，因爲狠不下心。

因爲，有弱者的存在，才能突顯強者。

這個世界不可能人人永遠都當強者，所以，有時候示弱並不算丟臉，而是一種高明的心理戰術。

吹捧有兩種方式，一種是哄抬別人，一種是壓低自己的姿態，後者就是善用弱者的形象，是爲了達到目的的手段。

溝通的模式有千百種，唯有靈活運用智慧，看準時機，善用方法，才能胸有成竹地完成任務。

成功的人，往往懂得控制自己的心境；失敗的人，則容易困在負面情緒裡作繭自縛。面對不如己意的事情，最重要的其實是先處理好自己的心情，這將決定你最後是化阻力爲助力，舉步向前邁進，抑或就此敗在惡劣的心情之下。

善用金錢而不為金錢所利用

把金錢用在最有價值之處，讓金錢成為成功的助力，而不是淪落為金錢的奴隸，沉溺於苦海之中難以脫身。

對於物質生活的需求，主宰了我們絕大部分的行動。

爲了幫助自己與家人存活，我們必須耗費勞力、心力等代價來換取物質上的滿足。所以，金錢概念儼然成爲每一個人的生活重心。

在金錢的壓力之下，我們的所作所爲早已失去自由，因爲當我們要做某個決定時，金錢永遠會是第一個考量。

然而，我們還是可以不要成爲金錢的奴隸，只要眞正認清金錢的意義，只要求基本的物質需求獲得滿足，或許我們就能將金錢在生活中所佔的比重減輕。

可惜，弔詭的是，對許多人來說，物質需求似乎永遠沒有滿足的一天，也因此，對於金錢的需求始終桎梏著許多人。

英國著名的格林威治天文台，以全球時間的基準點而聞名。

自十五世紀新航路發現後，經緯度的概念成為航海的新重心。一六七五年，英格蘭國王查爾斯二世下令在格林威治設置一個天文台，希望能藉由對星象的研究找出各地的經度，以精進航海術。

後來，世界各國的往來益發頻繁，加上各國使用的時間標準不同，引發了不少問題，於是一八八四年時，各國在美國華盛頓特區召開了國際經線大會，與會的二十五個國家均同意將本初子午線設置於倫敦的格林威治，從此格林威治便成為東西經零度的地方。

格林威治原本只是倫敦城外的一個小小村落，經過這次國際會議搖身一變，成了世界知名的場所。

有一次，英國安娜女王前來參觀格林威治天文台，台長詹姆斯．布拉德萊負責接待。他除了一路仔細導覽之外，也耐心回答女王所提出的每一個問題。

參觀結束後，當安娜女王得知布拉德萊的薪水非常微薄時，感到非常驚訝，頻頻表示要提高他的薪資。可是，布拉德萊聽了卻連忙懇求她千萬別這麼做。

女王對於他的請求感到很詫異，想不到還有人不要錢的。

布拉德萊回答說：「如果這個職位可以帶來大量的收入，那麼我擔心以後到這個職位上來的人，將不再是天文學家了。」

布拉德萊這一段看似幽默實則睿智的話，點出了許多人對工作和金錢的盲點。有些人在選擇工作時，在乎的是個人能力能否發揮與表現，但是，也有人是以金錢爲導向。不管哪一種做法，其實都沒有對錯，因爲關鍵在於每個人對工作成就感的判斷標準爲何。

如果，你認爲只有錢才能令你滿足，當你工作的時候，你所在乎的就是報酬的多寡，至於工作的內容與價值，則多半不在評斷的範圍內。也就是說，你可能會花費絕大部分的時間，去從事你不甚喜歡的工作，只要它能夠爲你帶來足夠的金錢報酬就好。

也或許，你對於工作的期望在於自我能力的實現，那麼你將會追求每一樣工作的回饋，你在乎的是能否從事喜歡的工作、是否對工作環境滿意，因而即使工作報酬不高，你仍能甘之如飴。

布拉德萊擔心的是，一旦天文台台長的職位成爲一個高薪利多的位置，未來希望爭取這個職位的人，以及獲得這個職位的人，將不再是只有對天文學有興趣的人。畢竟，有許多人願意爲了金錢而捨棄自己的興趣。這樣的結果，對天文台的研究工作而言，自然是弊多於利了。

「人盡其才，物盡其用」是管理經營的一大原則，把合適的人放置到適當的位置，就能夠達到最大的經濟效益。同理，在研究的領域中，興趣與熱情往往是執著於鑽研學問的最大動力，一旦失去熱情，或是迷失了方向，該研究的未來也多半會受到影響。

在金錢之前能夠把持住自己的人並不多見，在理想之前能夠不爲金錢迷惑的人也不多見。雖然，我們並不需要假道學地排拒金錢所帶來的物質享受，卻不必要爲了物質享受而被金錢奴役。

要想獲得清明的心，就該期許自己成爲一個善於運用金錢的人，把金錢運用在最有價值之處，讓金錢成爲成功的助力，而不是淪落爲金錢的奴隸，沉溺於苦海之中難以脫身。

多用微笑，應對進退更美妙

幽默的人比較受歡迎，無論在什麼環境中，我們無時無刻都會與人接觸，而這些人會是阻礙還是助力，端看我們怎麼面對，又是怎麼看待。

愛看偵探劇的漢克，很喜歡緊盯著表演內容，猜測誰才是真正的兇手，不管是演員們的台詞，還是戲劇進行時的可能伏筆，他都會極其用心且細心地記下並思考。

這天，他跑去看一齣名叫〈街角謀殺案〉的偵探劇。服務生引著他到座位上時，台上的戲正巧開演。

這時，已經準備投入觀戲的漢克，卻聽見服務生問：「先生，您對這個座位滿意嗎？」

「滿意，謝謝！」漢克匆匆回應。

「好，那讓我把您的帽子送到衣帽間吧？」服務生說。

「不用了，謝謝！」漢克不耐煩地揮了揮手，示意要他離開。

但不知道為什麼，那服務生似乎不明白漢克的意思，緊接著又小聲地問道：「需要節目單嗎？」

「不！謝謝！」漢克壓抑著情緒回應。

「這裡有送劇照！」服務生拿出劇照給漢克。

「謝謝！」漢克接過後，禮貌地回應。

「要不要望遠鏡？」服務生問。

「不！」簡短的回應，顯見漢克的情緒已一觸即發。

但這服務生完全感受不到，只見他一會問漢克要不要餅乾，一會又問他要不要喝香檳。

劇情漸進高潮，漢克被這服務生搞得完全無法專注觀戲，於是又氣又急地回了一句：「什麼都不用了，你快給我滾！」

殊不知這服務生原來是在等待小費，當他發現漢克根本不想給後，當即想出報復方法，只見他伸手指向舞台中央，然後在漢克耳邊恨恨地說：「凶手就是園丁！」

如此情緒化、毫無幽默感的回應，你覺得好嗎？

爲了拿到小費，讓服務生失去專業素養，這其中影響到的不只是他個人，還包括了對公司劇院形象的傷害。

身爲服務生卻惡狠狠地剝奪了客人的推理樂趣，相信沒有人會給這樣的服務肯定的聲音，畢竟服務業本該以客爲尊，過份的情緒表現只會讓人看見從業者的不適任，以及修養不足。

也許有人會覺得，服務生的出發點只在爭取自己的權利，並沒有錯，但方法有很多種，聰明的人可以有更聰明的選擇，以及幽默的做法，好比下面這位空姐的表現。

從紐約飛往日內瓦的班機上，有個男子不斷地戲弄、騷擾一名女空服員。

儘管其他人都認為錯在那名乘客，但這名女空服員仍然很敬業且專業地服務，

甚至非常耐心地回覆他一再提出的無理要求。

突然，這名旅客對著她咆哮起來：「妳是我所見過的空服員中，理解力最差的一個。」

女空服員聽了，一點也不生氣，帶著微笑說：「謝謝批評，請相信我，您是我所遇見的乘客中，最可愛的一位。」

女空服員說完，正準備離開，忽然轉頭送給男子一個很甜的微笑，跟著補充了這麼一句：「不過，也有可能我們都弄錯了。」

不必怒顏以對，不必惡言出口，微笑地反問回應，也幽默地引導反思，極其漂亮地爲自己爭回面子與尊重，不是更好嗎？

服務業原本就是以客爲尊，但人原本就多元且不同，所以聰明的服務者不會只套用一種公式，而會靈活地視當下情況變通，以爭得最好的口碑。

幽默的人比較受歡迎，不管是服務工作也好，或著是在其他崗位上，都應該懷抱幽默的工作態度，因爲無論在什麼環境中，我們無時無刻都會與人接觸，而這些

人會是阻礙還是助力，端看我們怎麼面對，又是怎麼看待。

工作環境是修煉自己的最佳場所，在工作場合中來來去去的人都會是我們的對手，但也都會是你我的貴人，能讓我們體驗多元的人與事。

所以，面對各式麻煩的人事時，應該先學會幽默的智慧，再微笑應對或應付，然後慢慢地，你會發現，原來顧客或老闆、同事，就像一群大孩子，一點也不難哄騙。

現在，讓我們一起翻開本書，感受幽默的趣味與魅力。

天賦與努力都是成功的關鍵

找尋出自己的天才之處。結合了努力與天賦，成功就絕不是攀登不了的空中樓閣了。

很多人支持「後天決定論」，認爲許多先天所缺乏的部分，都可以經由後天的努力予以補足。

當然，我們能從種種例證當中，體認到「勤能補拙」的重要性，但還是不可否認，如果一個人真的天生就不具備某種資質，但卻硬要在這一個領域裡登峰造極，那實在是困難重重，甚至有些緣木求魚。

我們相信，天資不能決定一切，然而，天賦卻主宰了結果的可能性。

據說，愛因斯坦在成名之後，他的次子愛德華曾問過他這麼一個問題。

愛德華問：「爸爸，你到底為什麼會變成名人呢？」

愛因斯坦聽了之後，先是一陣哈哈大笑，在神色收斂後，才意味深長地說：「你瞧，這隻甲蟲在球上爬著，牠不明白自己所走的路是彎的，可是我卻能明白。」

或許有人會說愛因斯坦的回答過於狂妄，但不可否認的是，愛因斯坦的研究在當時確實令許多人望塵莫及。

他的學說理論，對於當時的物理界是一項空前的大挑戰，就算直到今日，仍有許多人蒙受其惠。

據說，在愛因斯坦死後，他的大腦被某一個研究機構保存下來，因為他們想要了解為什麼這個人可以想出這麼多新奇的想法。由此可見，人們非常好奇愛因斯坦的大腦結構是否有別於一般常人。從這一點看來，我們大概也能體會到愛因斯坦所言不虛了。

從古至今，有許多研究者投入物理學界，也有非常多人是花費了一輩子的心血在做研究，但是，能夠像愛因斯坦一樣享有聲譽的人卻不是很多。

因爲，愛因斯坦的想法或作爲確實都超出了當代表現許多，他的研究幾乎推翻了人類原本對物理學的某種成見與偏見，也因此他才能成爲物理學發展史上一個重要的里程碑。

音樂家舒曼曾說：「人才進行工作，而天才進行創造。」

這句話聽來殘忍，但卻相當眞實。有些人付出了一切，仍舊未能獲得自己所期望的表現與成就；但有些人，卻像是老天爺天生賞飯吃一般，未見他們花費極大的努力就有所成就。

因此，當你發現自己在某個領域只能當個人才的時候，無須自傷，反思你靈光乍現的時刻，或許你就能找尋出自己的天才之處。如此結合了努力與天賦，成功就絕不是攀登不了的空中樓閣了。

02 多一分耐性，就少一分紛爭

遇上問題的時候，別急著生氣，先試著控制自己的怒氣，想清楚前因後果，才能夠據理力爭。

幽默的人最讓人喜歡

機智幽默當然不是與生俱來的，而是從生活中慢慢累積、慢慢學習得到的智慧，可以輕鬆擺平眼前的麻煩事。

心理學家威廉．詹姆斯曾說：「幽默雖然不是什麼特異功能，卻能輕鬆化解原來尷尬或對立的場面。」

確實，活在人際關係緊張對立的社會，懂得在適當的時機幽默一下的人，最讓人喜歡。因爲，幽默的人懂得用自嘲來化解尷尬、對立的氣氛，更懂得用機智詼諧的話語做爲別人和自己的下台階。

幽默可以讓對方卸下原有的心防，也可以緩和僵持的氣氛。幽默的話語不只可以替自己解圍，同時也可以替自己創造更多機會。

音樂會上，有一位著名的女聲樂家正引吭高歌，台下有一位女聽眾也用顫音跟著唱了起來。

「真像一頭母牛！」她的鄰座忿忿不平地說。

「誰？你這是在說我嗎？」那名女聽眾立即轉頭質問。

「哦！不，不是您，我是說，台上這位歌手干擾了您美妙的歌聲。」這名聽眾連忙改口說。

這名聽眾的反應還蠻快的，能隨機應變，自然聰明避開了人們的報復。說來，這不正是許多人最缺乏的解危能力嗎？

碰到類似的情況，別太情緒化，如果對方能聰明自省，並因而冷靜下來，麻煩自然解除。若不幸遇到像故事中的女聽眾，不但不覺得自己失態，更不知道自我反省，便得小心應對，因爲一旦處理不當，恐怕出糗的人不是只有她，還包括我們自己。

此外，之所以在人際相處上要如此用心，是因爲我們在日常生活中應對進退的習慣動作，常常與本身的工作相通。生活態度謹慎的人，在工作上自然也能得到較好成果。

「親愛的女士、先生們，接下來我們邀請到一位小提家來演奏。他曾在各種國際比賽中獲得不少大獎，現在，請你們以熱烈的掌聲歡迎他。」主持人對著觀眾們說。

這時，演奏家卻神情緊張地對主持人低語：「對不起，我不是小提琴家，我是個鋼琴家。」

主持人一聽，連忙又舉起麥克風：「女士、先生，很抱歉，小提琴家忘了把小提琴帶出來，因此他決定改為大家演奏鋼琴，相信這樣的機會更為難得，請大家再一次以熱烈的掌聲來歡迎他出場。」

主持人臨場應變，不僅遮掩住有關單位犯錯的糗事，更維持了原本希冀聆聽小提琴演奏的觀衆們的心情，甚至還以「難得」兩個字來拉抬現場氣氛，讓這場音樂會變得更具可看性。從另一個角度來看，主持人的機智同樣緩和了鋼琴家窘迫的緊張情緒，讓音樂會能有個圓滿的結果。

弗列迪克曾經寫道：「懂得幽默的人，最有人緣。」

因爲，沒有人會喜歡跟一個不苟言笑，凡事一板一眼的人朝夕相處，也沒有人會願意跟一個開不起玩笑，凡事正經八百的人一起生活，因此，如果你想擁有良好的人緣，培養適度的幽默感，就是你必修的第一門功課。

機智幽默當然不是與生俱來的，而是從生活中慢慢累積、慢慢學習得到的智慧。相同的幽默應變，讓兩則故事中的主角漂亮地排紛解難，不用發生任何爭執，也不必發出抗議聲，便輕鬆擺平眼前的麻煩事，這正是我們每個人都應該努力學習的目標與境界。

多一分耐性，就少一分紛爭

遇上問題的時候，別急著生氣，先試著控制自己的怒氣，想清楚前因後果，才能夠據理力爭。

有句話說：「守得雲開見月明。」意思就是天上的明月雖然被烏雲遮擋，但烏雲總會有消散的一日，能耐心等待的人，必能有緣窺見美麗的月光。

哈佛大學醫學博士，曾經寫過《心靈地圖》一書的派克醫師說過一句話：「沒有耐心做後盾，生活就不具有任何意義。」

他主張，人應該過有耐心的生活，漫無節制絕不會比有耐心來得更深刻，甚至會讓人一事無成。

但是，忍耐與等待都是相當辛苦的，心之所欲不能獲得，更是讓人難受，只不過，焦急躁進並不一定就能夠獲得，反倒是等待之後所得到的果實，可能讓人分外覺得甘甜。

就好像煲一鍋湯，如果不能慢慢地，一次又一次不厭其煩地攪拌，靜靜等待每一項食材在湯中釋放出所有的香甜甘美，又怎麼會有一鍋好湯可喝？花點時間耐心等待，可能是值得的。

有些時候，怒氣一觸即發，假使雙方都不願忍耐退讓，怒氣宣洩的結果可能炸得兩敗俱傷，傷人也傷己。但是，玉石俱焚的結局真的是我們樂於見到的嗎？如果每個人都沒有辦法體會與學習「忍耐」的功夫，那麼人與人之間的關係必定是一團混亂。

還記得白羊黑羊的故事嗎？互不相讓的兩隻羊，在橋上你推我擠，誰也不肯讓誰先過橋，最後全都掉到水裡，誰也過不了橋，這又何必呢？

德國最偉大的思想家、劇作家歌德，面對同樣的問題，他的做法發揮了高度忍讓的精神，過人的風度值得我們學習。

有一天，歌德來到魏瑪公園散步，魏瑪公園裡有一處僅容一人行走的小徑，是它的一大特色。

歌德行經這條小徑時，想不到迎面來了一個人。那個人正是前不久才將歌德的所有作品批評得無一是處的評論家。

兩人面對面站住了，只見那批評家站得挺直，態度傲慢地說：「對於一個傻子，我絕不讓路。」

但歌德卻不怒反笑，說道：「我的做法恰好相反。」

說完，歌德隨即臉帶微笑地站到旁邊。

爭一時之氣，不一定能夠讓我們得到什麼，適度的忍耐才能冷靜處理各項生活

上的問題。

我們每個人都有許多缺點，相處的時候，你退一步，我讓一步，相互容忍對方，關係自然和諧，如果誰也不讓誰，不斷揭對方瘡疤，硬碰硬的結果，恐怕只會讓彼此更加傷痕累累吧。

耐心是解決種種紛爭、不和的最佳良藥。正因爲我們對彼此的忍耐，所以造就了社會的祥和。

耐心，是可以培養的。遇上問題的時候，別急著生氣，先試著控制自己的怒氣，想清楚前因後果，才能夠據理力爭。偶爾，試著站在對方的立場上想想，試著同理對方的感受，或許「忍耐」做起來就沒有那麼困難了。

對人多一分耐性，對人多一分慈悲，對事多一分容忍，社會自然就減少了許多無謂的紛爭與不和。

你可以決定要如何回應

漸漸放寬心的想法，就能漸漸放鬆自己的做法，乘著輕舟，漂過逆境與險灘，也是一種自在的方法。

有一個觀念很有意思，那就是：「能影響你的，不是別人，不是外物；能影響你的，只有你自己。」

仔細想想，這句話其實說得滿有道理的。雖然在某些情境引導之下，可能會改變了我們的行事作爲，但是，如果不是我們自己決定要順隨形勢，形勢是沒有辦法改變我們的。

簡單舉一個例子，一個人到了餐廳準備點菜吃飯，他本來想點排骨飯，卻發現周圍的幾位客人全都點了雞腿飯，老闆也大力推薦今天的烤雞腿，說不定這個人後來眞的決定改點雞腿飯。

這樣的結果當然起源於周遭環境的影響，但是卻不能說是環境幫他做了決定，因爲眞正做出決定的是他自己。

每一個人都有權爲自己做決定，也有義務爲自己的決定負責任。

希臘大哲學家蘇格拉底，有一天和一位老朋友在雅典城裡悠哉地散步，一邊走一邊愉快地聊天。

忽然，有位憤世嫉俗的青年出現，拿起棍子打了他一下就跑走了。

他的朋友看見了，氣得立刻回頭就要找那個傢伙算帳。

但是，蘇格拉底拉住他，不讓他去報復那人。朋友覺得很奇怪，就

問：「難道你怕這個人嗎？」

蘇格拉底說：「不，我絕不是怕他。」

朋友又問：「那麼人家打你，你都不還手嗎？」

此時蘇格拉底笑著說：「老朋友，你糊塗了，難道一頭驢子踢你一腳，你也要回踢牠一腳嗎？」

蘇格拉底想得自在，他不會讓這些不愉快的事物束縛住自己，雖然無緣無故被人敲了一棒，但是當作被瘋驢踢了一腳也就罷了，讓這種莫名其妙的事毀了一整天的好心情，真是一點也划不來。

突如其來的災禍，總不免令人感到憤恨不平，「爲什麼會是我」的疑問，在心頭縈繞不去，心生報復感是理所當然的反應。但是，如果我們讓自己被報復心困鎖住，我們就永遠掙脫不開，也永遠得不到眞正的自由。

因爲，一旦我們的心念被仇恨佔滿，我們所做的一切都是爲了復仇，那麼等到仇報完了，我們也一無所有了。

再說，與人抗爭、針鋒相對，總會有輸有贏或者落得兩敗俱傷，又何必呢？倘若我們輸了，原本的傷痛又再狠狠地劃上一刀，徒增痛苦；倘若我們贏了，對方他日必來報仇雪恨，恐怕是冤冤相報何時了，鎮日想著對方什麼時候會來報仇的人，又何嘗不是一種心理負擔呢？

不妨就依蘇格拉底的法子試試，當被瘋驢踢了一腳就算了。或許，驢子是瘋了，那執著要去反踢驢子一腳的人，豈不是和驢子一樣嗎？

不要忘了，每一個人都要承擔自己決定後所得到的結果，不想受什麼果，就別造什麼因。漸漸放寬心的想法，就能漸漸放鬆自己的做法，乘著輕舟，漂過逆境與險灘，也是一種自在的方法。

善用語言和機智，可收得最大利益

我們經常藉由語言的力量，破壞了人與人之間的和諧，讓言語成為另一種傷人的武器。

語言，是一種力量極爲強大的武器。一如其他的武器，語言也是雙面刃，可以傷人也可能傷己，使用時得特別小心。

美國作家霍桑這麼形容過語言的力量：「詞彙——當它們排列在詞典中時，顯得如此單純纖弱，但若掌握在一個懂得如何組合它們的人手中，它們行善或作惡的能力會變得何等強大啊！」

讓我們來見識一下語言究竟有多大的力量。

著名的恐怖懸疑片大師希區考克，據說有一次在蘇格蘭山區裡迷了路，不知走了多久，才在漆黑的夜色之中見到一抹亮光。他立刻加速朝向光亮處前進，總算來到一戶人家門前。

敲了敲門，等了又等，總算有人前來開門。但當他向屋主提出借宿一晚的要求時，卻立刻遭到嚴辭拒絕。

屋主大叫：「我家又不是旅店！我幹嘛要借你住？」

屋主的態度實在不佳，但餓昏了也冷斃了的希區考克不願就此放棄，靈光一閃，故意不懷好意地笑著說：「只要我問你三個問題，就可以證明這間屋子就是一家旅店。」

屋主聽他口氣狂妄，氣不

過，便對他說：「好，如果你真能說服得了我，我就讓你進門。」

第一個問題：「在你之前，是誰住在這裡？」

屋主回答：「家父。」

第二個問題：「那麼在令尊之前，又是由誰當家作主？」

屋主回答：「是我的祖父。」

最後一個問題：「假使閣下過世了，這房子會落到誰手上？」

屋主回答：「我兒子！」

希區考克面露微笑地說：「這不就結了，你瞧，你不過就是暫時在這裡住上一段時間，說穿了和我一樣是個旅客，你還說它不是旅店？」

就這樣，希區考克終於在屋子裡，舒舒服服地度過一個晚上。

希區考克一陣詭辯，就讓屋主啞口無言，不得不出借客房收留他一晚，由此可以知道語言的力量究竟有多大了吧！

英國作家赫胥黎曾使用非常嚴厲的話語來批判語言對人類的影響，他說：「語言使我們超越了畜牲的範圍；語言也使我們沉淪到惡魔的水平。」

我們學會如何使用語言，使得知識與文化得以代代流傳，得以在不同民族間交流；但是，我們也經常藉由語言，破壞了人與人之間的和諧，讓言語成爲另一種傷人的武器。

有時候，這種武器，就連最堅硬的盾甲都抵擋不住。

手握如此利器的我們，必須謹慎小心地使用，才能使這種武器的正面力量得到最恰當的發揮。

改變食古不化的想法

別把自己的腦子加上了大鎖，多以開放的心態接納外界的訊息，以幽默的方式相處，才能彼此互動，激盪出創意的火花。

這個世界上有一種人，不會花言巧語，不懂得運用計謀，可能四肢發達，卻只知道直線思考。

很多人表面上說他們單純、天真，其實內心多半在嘲笑他們是「白癡」，然而，他們真的白癡嗎？真的一無是處嗎？再退一步想，難道那些嘲笑他們的人，就真的勝過他們嗎？

有這麼一個有趣的故事，可以讓我們檢討一下，這種不經意就會流露出來的優越感有多麼可笑。

某日，一位被眾人視為白癡的人對天才說：「你猜猜看，我的牙齒能咬住我的左眼睛嗎？」

天才盯著白癡看了幾眼，篤定地說：「絕對不可能啊！」

白癡說：「那，不如我們來打個賭吧！」

天才認為這絕對是不可能的事，於是同意打賭，但只見白癡將左眼窩裡的假眼球取出丟進口中，用上下牙齒咬著。

天才嚇了一跳，說道：「沒想到，真的可以呀！」

白癡又說：「那你信不信，我的牙齒也能咬住我的右眼睛？」

天才說：「不可能的！」他心想，難道這個傢伙兩隻眼睛都是假的？這絕對不可能，否則他就看不見東西了。

於是，兩人再次打賭，只見白癡輕易地把假牙拿下，往右眼一扣。

天才再度吃驚了，說：「沒想到，真的可以呀！」

你說，到底誰才是白癡呢？

其實，在這個社會上，對於白癡和天才的定義有很大的雷同之處。

第一、他們的人數不多。

第二、他們都異於常人。

第三、有時候所謂的天才想法，在沒試成功之前，其實看來都很白癡；反之，很多白癡單純執著的舉動，最後卻能激發出天才的靈感。

像愛迪生小時候就曾被視爲白癡，還讓家人擔憂了好一陣子，可見得天才和白癡只有一線之隔。

所謂天才的想法，有時候因爲太過驚世駭俗，超過凡人的想像太多，所以根本無法被接受，甚至遭到排斥，但究竟誰才是眞的白癡呢？

無法被人接受的點子，或是被人視爲天眞、愚蠢的想法，眞的毫無用處，只是浪費時間嗎？

恐怕並不是如此吧。

保持一顆純眞、無住無染的心，以單純與開闊的態度來面對生活難題，並不丟臉。別把自己的腦子加上了大鎖，人類就是需要揚棄自己腦中食古不化的觀念，多以開放的心態接納外界的訊息，以幽默的方式相處，才能彼此良好地互動，激盪出創意的火花。

開懷大笑，抗憂減壓過生活

真正爬上金字塔頂端的人，往往是情緒管理與工作ＥＱ一流，能夠不斷地自我調適，永遠談笑風生，冷靜自若。

現代人生活壓力太大，神經緊繃得過度，思緒狹隘過了頭，於是心理上的毛病一大堆。根據調查，保持心情愉快是長壽的秘訣之一，古希臘哲學家畢達哥拉斯就曾提倡每天唱歌、彈琴來消除憂傷和憤怒情緒。

可是，沮喪和憂鬱這些低潮，就像影子一樣始終存在，只要背對著光亮的時候就會出現，我們除了正面迎擊之外，光是逃避是沒有用的。所以，不妨把低潮的情緒視爲一種試煉，然後尋找積極的方法，打起精神從憂鬱中跳脫出來，自然就能脫離情緒低落的困境。

俗話說：「一笑解千愁」。笑，是對抗憂鬱的一帖良藥，嘴巴笑開了，心也會跟著開闊許多。

傳說中國古時候有位御史，由於長期憂國憂民而罹患一種精神憂鬱症，看了許多醫生，都未能見效。

有一次，他奉旨下鄉訪察民間疾苦，走到半途忽然發了病，地方官員得知後，隨即推薦一位當地有名的老醫生為他治病。

醫生帶著藥箱前來，慢條斯理診脈之後，搖頭晃腦地說：「嗯，大人您患了月經失調症。」

御史一聽，頓時大笑，認為這個醫生老糊塗了。以後，他每想起這件事，就要

大笑一陣，過了不久，他的病竟然自己好了。

過了幾年，御史又經過該地，想起那次診斷之事，特意前去找那位老醫生，想取笑一番，老醫生笑著說：「其實，大人您患的是精神憂鬱症，沒什麼良藥可治，只有心情愉快，才能恢復健康，所以我故意說您患了『月經失調症』，讓您常常發笑，看看對病情有沒有什麼幫助。」

有事沒事多笑笑，只有好處，沒有壞處。放寬心情，我們將會發現很多問題其實沒有想像中的嚴重。過度鑽牛角尖，只會讓自己的路愈走愈窄，最後寸步難行，生活如何能不被陰影籠罩呢？

戴著黑眼鏡過日子，什麼事都灰灰暗暗的，心情當然振奮不起來。

故事中的那位老醫生，高明之處就在於他看出了御史病情的癥結所在；當御史因開懷大笑而將愁緒沖淡，入眼的事物也變得圓滿，憂鬱症自然不藥而癒。

漫漫人生之中，職場生涯可說是一個人壓力的主要來源之一，面對工作上的種種挑戰和人際之間的紛擾糾葛，如果不能適度地自我調適，很容易就會陷入情緒低落的迷宮之中，無法自拔。做事提不起勁，想得到什麼成就，可以說如同緣木求魚。

一般來說，在職場上用ＩＱ做事的人往往比用ＥＱ來得多，但真正爬上金字塔頂端的人，往往是情緒管理與工作ＥＱ一流，能夠不斷地自我調適，即使壓力再大，永遠是談笑風生，冷靜自若。

學習去接受環境不可能盡如人意的事實，控制自己的情緒，進而管理他人的情緒；多微笑、常忍耐，一離開工作環境，就暫時先將工作上的所有事物拋開，聽聽音樂、悠閒散步、睡個好覺、看部電影，然後大聲狂笑或放聲大哭……適度將整個心放空，壓力也就會漸漸隨風飄散。

壓力不淤積，憂鬱自然不上門，生活也就會變得快樂光明多了。

擔心怎麼走，不如思考怎麼活

> 如果一個人在世的時候，曾經認真活過，對得起自己、對得起別人，那麼就算過程儀式簡單，也享有生與死的尊嚴。

生老病死，是人生必然要遭遇，也必然要面對的事情。

對華人來說，「生事」與「死事」都是大事，是不能隨隨便便的，但是，聽說過有人光是治喪就花了幾百萬甚至上千萬，想來實在讓人不解，因爲再奢華的喪禮儀式、再廣大堂皇的墓地，對往生者來說，眞的有任何幫助嗎？還是只是爲了在世者的面子問題？

最近生前契約很流行，業者訴求的是生死大事交由自己來決定，所以簽約者可以在生前就立下契約，約定自己的身後事要怎麼安排，讓自己尊嚴地離開人世，同時減輕家人的負擔。

其實，這樣的形式在十八世紀就出現過了。

據說，英國大文豪約翰遜生前曾在西敏寺為自己選了一塊墳地，打算作為死後的最後歸宿。

但在當時並沒有所謂契約的訂定，所以，等到約翰遜臨死之前，家人才發現那塊墓地早就被人佔據了，只剩下兩個墳墓中間還有一小塊間隙，大概可以立著放進一個人。

家裡的人只好無奈地把這個事實告訴了性命垂危的約翰遜，看看他到底希望怎麼來處理自己的身後事。

約翰遜不以為意地說：「既然人可以站著生，那麼當然也可以站著死，就讓我站著死去吧！」

於是，他死後，人們就把他站著埋進了地下。

這麼說來，約翰遜可能是全世界唯一一位死了也屹立不倒的人。

一件小小的插曲，卻可以看出約翰遜為人厚道、隨遇而安的人生觀。

別人佔都佔了，難道要鬧得天翻地覆，非要佔據墓地的墳即刻遷走不可？無論古今中外，要挖動墳墓可都不是等閒小事，所以這件事處理起來，一點都不容易。

約翰遜的做法，既化解了家人的難處，也成全了自己一貫的生活態度：生的價值勝過死後軀殼。

泰戈爾說：「讓生時美如夏花，死時紅如秋葉。」

一個人只有生而榮耀，死時才值得別人哀悼。試問，一個人如果在世的時候爲富不仁，或者沒有做過什麼值得人尊敬的事，那麼就算他的身後事辦得轟轟烈烈又如何？有什麼意義呢？

反之，如果一個人在世的時候，曾經認真活過，對得起自己、對得起別人，那麼就算過程儀式再簡單，他也享有生與死的尊嚴。

亞里斯多德說：「我之所以和平庸的人不同，是他們活著為了吃飯，而我吃飯是為了活著！」

所以，與其擔心自己怎麼「走」，不如認真地思考怎麼「活」，讓自己活得更好，更有意義、有價值。

把好話說得盡善盡美

不直接點破，加上適度的渲染，就能成功地營造氣氛，「想像裡蘊藏著感覺，而判斷裡又蘊藏著想像」就是說好話的最高境界！

希臘哲學家亞里斯多德曾說：「語言的生動性，是來自使用比擬的隱喻和描繪的能力，運用一種表現方法，把事物在行動的狀態中表現出來，就能『使他們看到事物』。」

所謂「良言一句三冬暖，惡言一句六月寒」，一句話說得好，當然會讓聽話的人心生歡喜。

同樣一句話，因爲文字的排列組合不同，就能讓人有不同的感受；其實一句話說得好不好，關鍵就在於有沒有經過適當的辭藻潤飾。

在西方，作家一旦談起詩的妙用時，總喜歡講這樣一個故事。

在一個寒冷的冬天裡，紐約市的一條繁華大街上，坐著一個雙目失明的乞丐。那名乞丐的脖子上掛著一塊牌子，上面寫著：「自幼失明」。

有一天，一個詩人走近他身旁，他一察覺便向詩人乞討。

詩人嘆口氣說：「我也很窮，不過，我可以給你點別的。」說完，他隨手在乞丐的牌子上寫了一句話。

那一天，乞丐得到很多人的同情和施捨。

後來，他又碰到那詩人，很奇怪地問：「你給我寫了什麼呢？」

詩人笑了笑，唸出牌子上他所寫的句子道：「春天就要來了，可是我卻不能見到它。」

這就是文字的力量，有人說詩是最精練的語言，因為詩能運用最簡短的文字，傳達出最鮮明的映象，直接地命中人們的心靈。

法國作家巴爾札克說：「文學是事實與靈魂相契合後的再現。」又說：「文學的真實在於選取事實與性格，並且把它們這樣描繪出來，使每個人看了以後，都認為是事實。」

這就是詩人送給乞丐的珍貴禮物，他把乞丐的處境生動地用一句話描繪出來，讓路過的每一個人都因爲感同身受，對乞丐生出更多的同情，而在同情之餘不吝加以施捨。

「自幼失明」是陳述事實，但是感覺上隔得很遠，因爲那是別人的事；而「春天就要來了，可是我卻不能見到它」，卻讓每一個感受過春天美好的人，從心中體會看不見春天的痛苦與遺憾。

不直接點破，加上適度的渲染，就能成功地營造感染別人的氣氛，所謂「想像裡蘊藏著感覺，而判斷裡又蘊藏著想像」，應該就是說好話的最高境界吧！

多讀幾本好書，把別人話語詞句中的精華，悄悄地佔爲己有，那麼總有一天，我們一定能做到像羅馬詩人賀拉斯所說：「如果你安排得巧妙，家喻戶曉的字便會取得新義，表達就能盡善盡美。」

03 越是危急的情境越要冷靜

面對危急時，最好的應對之策，就是使自己先冷靜下來，靜心想方法、想謀略。遇事要冷靜，不只是一句口號，而是生存之道。

越是危急的情境越要冷靜

面對危急時，最好的應對之策，就是使自己先冷靜下來，靜心想方法、想謀略。遇事要冷靜，不只是一句口號，而是生存之道。

所謂「事不關己，關心則亂」，人一旦遇上和自己密切相關的事情，往往很難以平常心對待。

吳三桂「衝冠一怒為紅顏」，完全失去身為一個大將軍運籌帷幄的冷靜氣度，就是因為江山是別人的，紅顏則是自己的，既然你保不住我的紅顏，我也只好毀了你的江山。當歷史上批判吳、陳、李這段三角戀情時，對吳三桂的評價總多了分不值和嗤笑，因為他明明可以有更聰明的做法，但卻被憤怒蒙蔽了心智，做出令自己後悔的決定。

事不關己的時候，彷彿站在隔岸觀火，火從哪裡來、會往哪裡去，都看得一清二楚；對於該如何滅火，也自有一番策略。

但是，身陷火場的人，塵灰煙霧掩蓋了眼睛口鼻，耳朵裡也充斥著自己猛烈的心跳聲，光是要尋找活路就耗盡了自己所有心力，讓慌亂主宰了一切。

可是，在危急的情況中，若是不能冷靜下來，從自己熟悉的路徑思索求生的方向，很有可能只是在危難之中越陷越深。

英國著名的外科醫生山繆爾．夏普曾經遇過這麼一樁笑話。

當時，有一位英國侯爵不小心擦破了點皮，細皮嫩肉的他就是覺得傷口火辣疼痛，於是命令僕人火速去將夏普請來診治。夏普帶著醫藥箱隨著僕人「火速」趕來之後，見了侯爵的傷口，加以檢查後，立刻疾聲吩咐侯爵趕快派人去藥房取

藥。

侯爵一聽夏普的指示，心想自己的傷難道真有這麼嚴重嗎？想著想著，臉色都變白了。於是，他忍不住詢問夏普：「我的傷口很危險嗎？」

夏普神情嚴肅，煞有其事地回答說：「是的，如果您的僕人不跑快一點的話，我擔心……」

「會發生什麼意外嗎？」侯爵焦急地問。

夏普繼續說：「我擔心，在他回來之前，您的傷口已經癒合了。」

這又是一則「關心則亂」惹來的笑話。一點小小的破皮，就馬上延請外科名醫前來診治，顯然是殺雞用上牛刀了，難怪會被夏普冷冷地幽了一默回去。

有些人天生容易緊張，這是因爲他們對事對人都不夠有信心，不夠相信周遭的人能順利完成分內的工作，所以不得不撈過界去擔心原本不該由他們擔心的事情。這樣的人或許能夠未雨綢繆，但是有時太過杞人憂天、神經兮兮，也會讓旁人承受不了。

過度的慌亂不但會造成自己情緒上的焦慮、行爲上的失誤，同時也會影響到周遭的人，使得大家跟著一起緊張起來。這麼一來，軍心大亂，不論對陣前或陣後都是一種損傷。

所以，面對危急時，最好的應對之策，就是使自己先冷靜下來，靜心想方法、想謀略，做沙盤推演。

若眞的坐不住，乾脆遠離一段時間，即使只有心情離開也好，最重要的就在於以其他事務讓自己分心，把焦點轉移，重新回到保持距離的原點。

專注可以創造效率，但過度執著反而會讓人模糊焦點。就好像看東西，拿得太遠看不清楚；拿得太近，眞的要貼上眼珠時，其實也同樣看不清楚。遇事要冷靜，不只是一句口號，而是生存之道。

輕視別人就是貶低自己

只不過有一點小小的功名成就，別人不一定要向你卑躬屈膝，如果因此而看不起別人，其實是輕視了自己，最後終究會自取其辱！

俗語說：「人怕出名，豬怕肥」，身爲名人或公衆人物，可能就代表著隱私權被剝奪，因爲處處都有人睜大眼睛看著他們，爲了維護自己的形象，可能忍受了旁人無從得知的巨大壓力。

當然，也有人很享受名氣所帶來的種種好處，包含高人一等的優越感與虛榮感，有時甚至表現得不可一世。

只是，即便是衆星拱月的大主角，也不一定能讓所有的人隨之起舞。

電影明星洛依德將車子開到檢修站例行維修檢查，一名女性工作人員負責接待他。她熟練靈巧的雙手和美麗的容貌，一下子吸引了洛依德。

當時，整個巴黎都知道他的名氣，可說是無人不知、無人不曉，但這位姑娘卻絲毫不表示驚異和興奮，只是專心忙著自己的工作。

「妳喜歡看電影嗎？」他禁不住問道。

「當然喜歡，我還是個影迷呢！」

女孩手腳伶俐，很快地完成了汽車的維修工作，然後對洛依德說：「您可以開走了，先生。」

但洛依德卻感到有點依依不捨：「小姐，可以陪我去兜兜風嗎？」

「不！我還有工作。」

「這同樣也是妳的工作，妳修的車子，最好親自檢查一下。」

「好吧，是您開還是我開？」

「當然我開，是我邀請妳的嘛。」

車況非常良好，一路行來平穩又順暢。女孩開口問道：「看來沒有什麼問題了，請讓我下車好嗎？」

「怎麼，妳不想再陪陪我了？我再問妳一遍，妳喜歡看電影嗎？」

「我回答過了，喜歡，而且是個影迷。」

「那，妳不認識我嗎？」

「您那麼有名，我怎麼會不認識呢？您一進來，我就認出您是當代影帝阿列克斯．洛依德。」

「既然如此，妳為什麼還這樣冷淡？」

「不！您錯了，我沒有冷淡。只是沒有像別的女孩子那樣狂熱。您有您的成就，我有我的工作。您來修車是我的顧客，如果您不再是明星了，再來修車，我也會一樣地接待您。人

與人之間不就應該是這樣嗎？」

聽了這話，洛依德不禁沉默了。因為，在這名女修車員的面前，令他感到自己的淺薄與虛妄。

「小姐，謝謝！妳讓我知道，我應該認真反省一下自己的價值。現在讓我立刻送妳回去。」

人往往會因爲外在的包裝或是渲染而把自己想得太過高貴，其實哪有人眞的是鑲金帶銀的呢？每一個人都不過是皮囊之軀罷了！

只不過有一點小小的功名成就，別人不一定要向你卑躬屈膝，如果因此而看不起別人，其實是輕視了自己，最後終究會自取其辱！

人生在世，其實每個人都應該是平等的，不見得身爲總統就比別人高尙，畢竟總統也是替人民做事的呀！自我的價值來自於自己的肯定，至於外在的名氣是衆人所給予的，今日得到了，他日就可能失去了，不然怎麼會有人說「虛名如浮雲」呢？

偶像明星是因爲有歌迷、影迷的支持，才有所謂的名氣與人氣，如果沒有歌迷、影迷願意掏腰包花錢去買唱片、去看電影，即便是明星又如何呢？別人活該匍匐在他們的腳下嗎？

愈是聲名在外，就應該愈懂得謙卑感恩才是；唯有懂得尊重他人，才能獲得他人的尊重。所以，那名女修車員應對得漂亮，即使是影帝，在修車廠內也不過是一名顧客而已，並不須要給予特殊的禮遇，公事只要公辦就成了。

何必刻意迎合別人的建議？

自己就是自己的主宰，自己的人生要由自己掌握，別人的人生觀、價值觀可以作為參考，但不須刻意附合，也不須曲意承歡。

俗話說：「佛要金裝，人要衣裝」，強調了外在形象對人的重要性，畢竟在這個社會裡，以貌取人的人實在太多了。

這種說法彷彿強調，穿著西裝革履的傢伙，就好像社會地位不凡似的，可以得到別人第一眼的好印象，獲得不同的待遇。

但是，外表的光鮮，眞的代表著實力過人嗎？

有人並卻不這麼認爲，最著名的例子，就是以相對論聞名世界的科學家愛因斯坦；面對別人好心的「建議」，他總是以幽默的方式回應。

一天，初到美國的愛因斯坦，在紐約街道上遇見一位朋友。

「愛因斯坦先生，」這位朋友說：「你似乎有必要添置一件新大衣了。瞧，你身上這件多舊啊！」

「這有什麼關係？反正在紐約誰也不認識我。」愛因斯坦無所謂地說。

幾年後，他們又偶然相遇。這時，愛因斯坦已經譽滿天下，卻還是穿著那件舊大衣，他的朋友又建議他去買一件新大衣。

「這又何必呢？」愛因斯坦說：「反正這兒每個人都已經認識我了。」

愛因斯坦不喜歡物質層面的奢華，總認為自己的成就只不過像在廣闊的

海邊拾到的一個漂亮貝殼而已，根本微不足道，更何況，他愈是深入研究這個世界，益發覺得人類的渺小，所以為人處世更加虛懷若谷。

既然他並不覺得自己的成就過人，當然不會到處誇耀自己的才能，也不會因為聲譽斐然而感到驕傲，更不覺得有必要為了討好別人，或是為了顯示自己的名氣與知名度而刻意修飾外在。

因為，外表的光鮮亮麗，並不代表裡子同樣紮實，所謂「金玉其外，敗絮其中」，說的就是這個道理。這個世界上名實不符的人實在太多了，而「名過於實」的情況更是時有所聞。

愛因斯坦不在乎別人的看法，不追求外在的名利，只求對自己負責，只執著於自己的信念，所展現出來的，才是名實相符的大師風範。

世人的目光難免太過於刻板，習慣性地認爲，無論從事什麼行業，一定得依著既定的模式去做，彷彿沒照著做的人就是特立獨行，就是格格不入。

但是，我們一定要被這些既定的規範或束縛左右嗎？難道我們就不能擁有自己的獨特性嗎？

無須因著他人的眼光過活，只要自己快樂自在就行了，如果奢想獲得所有人的認同，而刻意去違背自己的心意，最後卻落入瞻前顧後、寸步難行的日子，不是過得太辛苦了嗎？

自己就是自己的主宰，自己的人生要由自己掌握，別人的人生觀、價值觀當然可以作爲參考，但實在不須刻意附合，也不須曲意承歡，因爲對得起自己最重要。面對的「好意」，不妨學學愛因斯坦式的幽默吧！

運用幽默智慧化解誤會

人際溝通其實一點也不難，只要我們不情緒化，能理性並寬容對人，那麼所有人都會是人際溝通的高手。

懂得幽默的人，知道如何用笑語代替對立；懂得幽默的人，知道如何巧妙化解尷尬與窘迫。

面對人際間的紛紛擾擾，與其爭執、衝突，倒不妨試著發揮機智，用幽默的方式表達自己的意思，如此許多難題都會迎刃而解。

在蒸氣浴室裡，有個男子看見正前方有個背朝著他的人，越看越覺得那個人的背影很熟悉，好像是他的一位老朋友。

他心想：「來嚇嚇他！」

於是他慢慢的靠近那個「老朋友」的身邊，接著竟狠狠地朝著那個「老朋友」的屁股上打了一大巴掌：「啪！」

被打的人痛得渾身顫動了一下，轉過身來！

「天哪！這……神父，您好啊！」那人一看認錯人了，尷尬地打了招呼。

他連忙低頭道歉說：「對不起，我以為是一位老朋友，請您原諒我，我真沒想到居然是神父您！」

神父笑了笑，回答說：「沒關係，我的孩子！因為，你打的那個地方不是『神父』！」

非常有趣的化解辦法，體貼的神父沒有指責男子的失禮動作，反而笑看這個尷尬誤會，也聰明寬容地解開這個差點凝結的尷尬氣氛，其中的包容寬大，正是我們應當學習的重點，學會聰明笑看生活中這些「意外」的小插曲。

可以得到人們的體諒並包容自己無心的過失，能讓人在生活中能多感受到一些溫暖；反之，若是對方不能即時反應並替我們解圍，只好自己多學學臨機應變的機智。一如下面這位聰明的空服員的反應。

一位空服小姐在機上看見一個有點熟悉的臉龐，心想：「咦，那好像是二伯耶？我怎麼不知道他要搭機呢？」

正忙於整理事物的她，決定等會空兒抽空去和這位許久不見的長輩打聲招呼。等到發點心的時候，她推著餐車來到那位看似「二伯」的座位邊，卻見他正在休息，於是她用老人家慣用的台語輕喚：「二伯……二伯……」（發音似二八）。

不一會兒，那「二伯」睜開了眼睛，並困惑的看著這個空服員，在此同時，女孩才驚覺認錯人了，但「二伯」已經叫出口了，眼前尷尬要怎麼解呢？

忽然女孩靈機一動，再用台語叫號：「二八、二九、三十，喔，不好意思，吵醒您了，我們要點數人頭，好去準備點心。」

這是可以多元學習語言的趣味，因為讀音相近，也因為意思不同，這些字詞確實給了不少人發揮想像的空間，好像故事中的空服員，運用機智轉「二伯」為「二八」的趣味，讓我們深刻感受到。

不論是華語還是台語，不論是英文字音，還是日文讀音，我們可以東西合併，也能借不同方言的字音引喻，不只能讓人思考更加靈活，也讓人和人之間的溝通多一點潤滑作用。

幽默是人的情感的自然流露，可以直接讓對方卸下原有的心防，甚至可以像潤滑油一樣，緩和潤原本僵持對立的氣氛。

在這個紛紛擾擾的時代，人與人之間充滿著爭執、衝突、競爭、交戰，許多無謂的爭執衝突，都是溝通不良引起的，這時就需要適度的幽默！

人際溝通其實一點也不難，只要我們不情緒化，能理性並寬容對人，那麼所有人都會是人際溝通的高手，也都會是成就和善社會的重要功臣。

情緒失控只會讓事情更加嚴重

不是重重反擊就能得到勝利，也不是情緒反應就能把人嚇住，只要不被情緒煽動，我們自然能想出一個絕妙的反擊方法。

有個小偷忽然將手伸進貝利的口袋中，敏銳的貝利一發現，連忙伸手將那小偷的手抓住，然後氣憤的看著這個小偷。

沒想到小偷十分鎮靜，還笑著說：「喔，對不起，這裡實在太擁擠了，我錯把您的口袋當成了我的口袋啦！」

「是這樣嗎？好，沒關係。」貝利微笑著放開了小偷的手，但旋即冷不防賞給他一個大耳光：「啪！」

「你……」小偷痛得瞪著他，只見貝利仍帶著微笑說：「喔，真是對不起，我看著你的臉，還一直提醒自己那個人是你，卻不知道怎麼了，還是誤把您的臉當成了我的臉。」

貝利機警反應，保住了自己的荷包，但隨即的情緒反應，雖然狠狠給了小偷一個巴掌教訓，卻也讓人不禁爲他捏了一把冷汗，因爲他逮住小偷偷竊的手並不明顯，但給了對方一個摑掌，卻是引人注目的大動作，不知情的人只看到貝利打了人，卻不知是因爲「小偷」先動手偷錢。

再想想，若是對方控他傷人，現場那些目擊者不反成了小偷的「證人」？其實，給人教訓有許多方法，不是重重反擊就能得到勝利，也不是情緒反應就能把人嚇住，好像下面這個故事。

有個出身富庶之家的中年男子，這天在街上閒逛，走著走著經過了一間珠寶店，當他正要走過時，忽然從窗口撇見店內天花板上有個非常華麗的水晶吊燈。於是，男子又折回店門口，然後走進店裡向售貨員詢問：「請問，那個水晶吊燈要多少錢？」

售貨員看了看眼前穿著簡單的男子，心裡判斷著：「這傢伙看起來一點也不怎麼樣，哪有本事買下這個水晶吊燈？肯定是個無聊人來裝闊！」

售貨員心中偏見一起，對男子更是不屑一顧，甚至連開口應付的意願也沒有，只見他對男子不理不睬，臉上還出現了嫌惡的表情。

那男子又問了一回，卻始終得不到售貨員的禮貌回應。

忽然，男子舉起手中的枴杖，跟著竟是猛力的朝著天花板上的水晶吊燈重重敲擊，只見那水晶吊燈上妝點的琉璃登時碎落一地。

然後，男子回頭對著被此舉嚇得目瞪口呆的售貨員說：「現在，我可以知道這吊燈的價格了嗎？」

把水晶燈打碎，看似讓男子得到了情緒宣洩，也重重回報了售貨員的歧視以及冷漠的態度，但再轉念一想，做這個動作的主角可一點也沒有佔得便宜呀！

美麗的水晶燈就此破碎損毀，同時也折損了這位有錢人的身分地位，原因無他，君子一旦與小人爭鬥，一般情況是，人們對小人早已否定，無論結果如何，也不會增加人們對他的肯定，然而君子表現出的爭鬥醜態，忽然臉色大變，工於心計，那與人們平時的觀感肯定要出現落差，人們自然對君子所爲無法諒解，苛扣其分數當然也在所難免的了。

若因此而使我們失去的反而比得到的快感多，那不是太得不償失了嗎？

其實，挽回面子的方法很多，擊敗對手的技巧也很多，只要不被情緒煽動，不用情緒化的動作，我們自然能想出一個絕妙的反擊方法。

好像我們大可不必衝動地把水晶燈打破，只要自在的走出門，然後靠他在地方上的聲望與地位，向人們傳播該店員工服務態度之差，那麼還怕該店老闆不親自帶著該名員工登門道歉！

又好像貝利，何必給那小偷一個巴掌呢？大聲對著人們說「他是小偷」，並提醒現場是否其他受害人，然後再把他扭進警局，給他這樣的教訓是不是更具積極的作用？

亂開玩笑，後果難以預料

快樂難求，帶動積極的生活態度很不易，只要有一點角度偏差，情緒錯放，人們的心便很容易跟著失去了方向。

旅人正在向親友們講述他剛完成的旅程。他說得口沫橫飛，還誇張地說了這麼一個經歷：「當時，有好幾個印第安人把我團團包圍，那情況真是可怕極了！你們知道嗎？我左面站了一個印第安人，右面也站了一個印第安人，前面一樣站了一位印第安人，後面當然也有個印第安人……」

「天哪！他們想做什麼？」

「當時你心情怎麼樣？」

「後來是怎麼解圍的呢？」

大家七嘴八舌地追問，沒想到旅人的答案卻是：「後來，我買了一件他們向我推銷的皮革，這才突破他們的包圍。」

「呿！」一群人聽到這兒，忍不住給了他一個噓聲。

看完了故事，你是否也忍不住跟著人群笑著給主角一個噓聲呢？

可仔細想想，生活中像這樣用語誇張的人物好像還蠻常見的，他們習慣一開始就故弄玄虛或虛張聲勢，不只努力想釣人胃口，還拼了命想要吸引更多人的目光。雖然這法子十分管用，但如果使用過量，恐怕人們從此對這一類人說的話都要打折了。

就對人的信任度而言，這其中總是弊多於利，想一想，如果人們再也不相信我們所說的話，我們又如何重新獲得人們的信任呢？

再思考那些被誇張演說所吸引的人們，他們心裡是抱持何種想法？看看下面這個例子，相同的誇張開始，相似的無厘頭結局，讓人不禁對一開始便抱著信任且高度興趣的聽眾感到憂心。

有個男子神色自若走進一間酒吧，冷靜地對女服務生說：「吵架之前，請給我一杯可可！」

女服務生一聽，趕忙遞給他一杯可可，但過了幾分鐘之後，那個人卻一點動靜也沒有，女服務生心想：「是開玩笑的吧！」

但就在她轉念猜想的時候，那個男子又叫來女服務生說：「吵架之前，麻煩先給我一份牛排和炸薯條。」

女服務生聽了，心想：「想等飽足後再大幹一場嗎？那他的仇家呢？」

這女服務左右張望了一下，然後趕忙去將這「老大」要的餐點送來。

就這樣又過了十分鐘，現場依然什麼事也沒發生，女服務生忍不住好奇上前問道：「先生，你一直說要吵架是怎麼回事啊？到底什麼時候會發生呢？」

男子吞下最後一塊牛肉，然後笑著說：「馬上就開始了！」

「真的嗎？」女服務生還是有些懷疑並且開始有點緊張了。

就在這個時候這男子這麼補充：「因為……我沒有錢付帳啦！」

這若用於影視劇情倒還情有可原，畢竟挺有戲劇效果的，但是若發生在現實生活中，恐怕有許多地方有待檢討。

例如，這幾年新聞記者在報導新聞時，單純的事件總被誇張地加油添醋，問題核心常常失了焦。

這種行徑就像故事中的女服務生一般，只顧著提供男子所需要的東西，卻不想探討問題的核心，反而以有些八卦又好事的心態等待著爭執的發生。

面對這種狀況，我們又怎能怪環境變壞了呢？

試想，若不是人們多事把問題複雜化，若不是人們老想著多添點話題新聞來娛樂，社會又怎麼會如此糟亂？

想增添生活的趣味，誇張故事情節不失是一個好方法，只要無傷大雅，只要是趣味自嘲，我們當然可輕鬆笑看。可是，如果像第二則故事一般，想著的卻是「鬧事」或製造社會的不安，我們便得嚴肅思考。畢竟，很多時候這一類情況到走最後經常是傷人的結果。

想要提昇自己的處世競爭力，做人做事一定要講究策略和技巧，幽默的話語不只可以替自己解圍，同時也可以是輕鬆溝通的工具。

幽默要用在對的地方，我們可以用來增加生活趣味，可以用來軟化人心的冷漠，但切莫用在製造社會緊張與人心鬱結的事件上。因爲快樂難求，帶動積極的生活態度很不易，只要有一點角度偏差，情緒錯放，人們的心便很容易跟著失去了方向。

態度謙卑，讓事情圓滿解決

很多時候，卑躬屈膝不代表我們受了委屈，而是對工作的一種負責態度，想讓事情圓滿解決，讓工作任務能早一點達成。

有個鄉巴佬花了大半輩子很辛苦的存了一筆錢，今天他決定要好好的犒賞一下自己，方法是到大城市裡尋找新體驗，而他第一個想體驗的便是到著名的大飯店裡住上一晚。

計劃實行的那天，他一走進飯店大廳，便聽見他驚呼連連：「哇！這大廳如此漂亮豪華，真不愧是城裡的飯店！」

跟著服務人員的腳步，他來到櫃台辦理住宿手續，然後他按著服務員的指示，與致勃勃地朝著夢想中的飯店「大套房」走去。

沒想到，服務人員才剛轉身接完電話後，卻見那鄉巴佬氣沖沖跑到他的面前，很不客氣的質問：「我不住了！那是什麼鬼房子啊！我花了那麼多錢，你們居然給我那樣的房間，比我老家還差的生活空間，那看起來只有碗櫃那麼大，最多也只能放一張折疊椅，什麼嘛！快退錢，我回家睡還比較舒服！」

服務人員一聽，看著他指的方向，差點沒笑出聲，只見他忍住笑意，解釋說：「喔，先生，您搞錯了，那是電梯！不如讓我帶您到您的房間吧！」

儘管鄉巴佬賣弄聰明鬧笑話，但怎麼說都是第一次，出錯也情有可原，反觀服務人員有禮的態度和專業的解釋，才是值得我們討論的地方。

服務他人原本就不該分角度，該低頭的時候要謙卑低頭，被要求抬頭的時候就抬頭仰視，無關人格問題，只是專業的「服務態度」。

眞正優秀的服務人員始終不會忘記「謙和的態度」與「服務的精神」，一如故事中的飯店服務員，不只沒嘲笑對方，還主動提出帶路的建議，這或者正是大飯店成功的原因吧！

他們嚴格要求員工要有服務的精神，讓所有顧客都能有賓至如歸的感受，而這也正是職場中人人應該培養的工作態度。

不過，偏偏有些人的工作態度卻難以如此，好像下面這位女行員的工作態度，應該許多人都曾遇見過。

一走進銀行大門，便看見古小姐正坐在入口處，這個位子看起來很不錯，但對古小姐來說卻令她非常討厭，因為許多人一進門便找她詢問。

久而久之，古小姐實在不勝其煩，那張臉也越來越像晚娘的面孔，直到有一天，她突然想到了一個妙計。

第二天，便見她的桌上擺放了一個「此處非詢問處」的牌子，這告示寫得非常清楚明白，古小姐心想：「應該都識字吧！」

但是，每個上門的客戶依舊向她詢問，只是問題只有一種：「小姐，請問詢問處在哪裡啊？」

以爲「責任」可以推開，沒想到最後還是得由自己擔，那多此一舉的告示牌，或許更顯示出這位女行員面對工作的態度。

生活中我們不也常見像這樣「不耐煩」的面孔，或者在你我之中，有人也正抱持著類似的工作態度在生活？

那爲何不能給自己一個快樂工作的氣氛呢？沒有一個工作是不需要接觸人群的，很多時候，表現謙卑不代表我們受了委屈，而是對工作的一種負責態度，想讓事情圓滿解決，讓工作任務能早一點達成。

簡單來說，只要我們心裡不覺得委屈，而是可以微笑迎接，包容面對，那麼工作之於我們，都是享受生活的機會。一如故事中的女行員，如果她不斤斤計較多得的工作負擔，而是能快樂付出，也專業服務，相信漸漸的她會發現：「原來，跨向成功的機會就在這人群之中！」

活用幽默，才能讓人伸出援手

無論在多失意的情況中，都要自己力圖振作，只要我們活用幽默，人們自然會樂於伸出援手。

有個旅人獨自一人徒步旅行到了巴黎。一路上非常順利，不論到哪個國家或城市，幸運的他都得到不少陌生人的幫助。

然而，來到巴黎時他身上原本就不多的旅費至此用罄，連填飽肚子都成了問題，更別提今晚要住的地方了。

他滿臉茫然地在巴黎街上四處遊走，眼看夜越來越深，嘆了口氣：「沒地方睡覺，這可怎麼辦？」

就在他苦悶煩惱的時候，有個打扮妖嬈的女人走近他身邊，輕挑眼眉地對他說：「你，願不願意跟我一塊兒找個睡覺的地方呢？」

旅人一聽，心想：「我真是太幸運了，一路都有貴人幫助！」

他開心地點了點頭，直說：「當然好，謝謝妳啊！」

旅人滿心感動地跟著女郎走進一家旅館，總算舒舒服服睡個大覺了。

第二天早上，他非常滿足地醒來，還朗聲跟女郎道早安。女郎笑著回應：「早啊！那錢……」

「錢？喔，不用了！錢我是不會收的。妳慷慨地收留我一晚，已經讓我十分感激了。」旅人客氣地說。

笑看旅人涉世未深的回應，不禁讓人懷疑，他眞是眞不知情，還是有心要賴？但無論如何，這女郎始終是陪了夫人又折兵，因爲旅人身上的錢早花光了，想逼他掏錢付這一夜住宿費，包括一夜魚歡的代價，看來是不可能的了，眞要怪，女郎也只能怪自己「不懂識人」。

然而，若再從旅人的角度思考，其實每個人都會有需要幫忙之時，只是我們該怎麼做才不至於被人們否定，被斥爲耍賴？

再舉一反例來對照參考。

一名流浪漢向房東詢問：「請問，您這裡有房間要出租是嗎？」

「是的！」房東點頭。

那流浪漢又問：「不知道，原來住在那裡的房客是個什麼樣的人呢？」

只見房東憤憤地說：「哼，是個住了大半年也付不出房租，最後被我用掃把趕出去的傢伙。」

「很好，那我願意以相同的條件和對待搬進來住，可以嗎？」流浪漢說。

「……」房東無言以對。

想當然爾，房東是不可能答應流浪漢的提議的。只是像流浪漢這樣臉皮厚的人，在這現實社會中似乎還挺多的，好像常見的假殘障，他們裝哭假殘扮可憐，還會逼著我們伸手幫助，若是拒絕了，有人還會被斥責沒有良心。

一味只想得到人們的幫助，卻不思自己該怎麼付出的人，價值觀是受人質疑的。然而，就像第一則故事中旅人的情況，任何一個人在人生路上確實會有需要接受別人幫助的時候，這時若不能丟開面子問題，若不能低頭請求，一旦挺不過難關，不過是讓自己白白犧牲罷了。

我們不妨這麼思考，無論在多失意的情況中，都要自己力圖振作，只要我們不放棄，人們自然會樂於伸出援手。

其實，求援需要的技巧不多，除了活用幽默之外，更重要的是，當我們面對困難時是否有決心突破，是否能讓人相信，他們對我們的這份幫助不會白費？

只要答案是肯定的，終有一天，他們會看見我們成功走出難關，這就是對每一個幫助過我們的人最好的回報。

04 拐彎抹角有什麼不好？

以幽默的方式，不直接面對問題，而採取拐彎抹角的手段，可以消弭彼此針鋒相對的尖銳感，當然，也可以更圓滿地解決問題。

激將法也是致勝的籌碼

冷靜自若，讓自己成為一個懂得激將卻不易受激的人，在短兵交接的時刻，無疑多了幾分致勝籌碼。

有求於人的時候，有兩種方法，一種是捧著好處放低身段地請將，另一種則是拉高姿態惡意激將。

雖然不是每個人都適用，但有時候激將法運用得好的話，往往能夠達到四兩撥千斤的效果。

義大利著名音樂家朱塞佩·威爾第以《阿依達》等歌劇聲名風靡世界。一天，他乘坐的那列火車停靠在一個小城市的車站，而這個車站的站長就是一個極其崇拜威爾第的人。

因此，當站長發現偶像威爾第近在眼前，便想趁此機會與這位難以接近的音樂大師說說話，並想如果能得到他的親筆題名就再好不過了。

於是，這名站長想出了一個「歪點子」。

突然，威爾第乘坐的火車車門大開，站長走了進來，表示要對每一位乘客查票。威爾第把票遞給了他，站長查完票後，故作負責的樣子，開始發問：「這個車廂比較髒，您不覺得討厭嗎？」

「我並不覺得髒啊。」威爾第不置可否地說。

「就算這樣，您也不該把腳踩在對面的座位上呀！一個有教養的人絕不應該這麼做。」站長擺明了找麻煩。

「你把我看作沒有教養的人了？」威爾第聲音高了起來。

「對，正是這樣。」

「哼！這簡直太過分了！我要投訴，請把您的意見本拿來！」威爾第這下子真的被惹火了。

站長馬上跑出去把自己預先準備好的簽名簿拿了回來。威爾第一拿到本子就立刻振筆疾書，在上頭寫滿了自己的意見。

這時站長覺得「陰謀」得逞，馬上講明了自己的「騙局」，並請求這位音樂大師寬宏原諒，威爾第聽了後還是樂呵呵地簽上了自己的名字。

像這個車站長利用刻意激怒對方，以達成自己目的的方法，就是運用了激將法。當然，車站長也可以一開始就表明自己的想法，請求威爾第幫他簽名，但是威爾第很可能為了不引起衆人的注意或嫌麻煩，不肯簽或是乾脆不承認自己是威爾第，那麼車站長也拿他沒辦法。

沉不住氣的人，特別容易受激，有些事一怒而成，但是很多時候，受激者往往不能冷靜的判斷是非，造成憾事。歷史上，很多戰爭原本有利的一方，就是因為中了對方的激將法而貿然出兵，使得局勢整個逆轉。

只不過，激將法的使用也要因人而異，有些人就是沉穩有修養到讓你激不了，也是沒轍。像東晉偏安江南，淝水之戰攸關政權存亡，宰相謝安卻若無其事地與朋友下棋時，後來得知姪兒謝玄力克敵人，獲得勝利，也同樣喜不形於色，依然冷靜下棋。

而三國時代，諸葛亮能冷靜地以空城計騙過司馬懿的十萬大軍不戰而退，又能一言激得孫權同意出兵對抗曹操，稱得上是一名深諳情緒智慧的人，能將這招激將法使得游刃有餘，進退從容，他能有這樣的智謀，就是充分地掌握了人性的種種弱點。

冷靜自若，讓自己成爲一個懂得激將卻不易受激的人，在短兵交接的時刻，無疑多了幾分致勝籌碼。

含糊其辭也是一種說話藝術

善用說話的藝術，選擇最好的答案，既能維持周遭的互動氣氛良好，又能成功達到自己的目的，豈不是兩全其美？

在與人交往的過程中，有些狀況需要我們表態，卻很難三言兩語說清自己的意思，因爲不論說眞話還是說假話，都容易得罪人，都很爲難。

宋朝著名政治家也是文學家王安石的兒子王元澤，在很小的時候就能把這樣尷尬的狀況處理得相當圓融，值得我們多加學習。

有一次，王安石在家中設宴，王元澤也跟著家人出來向客人問好，有一個客人欺負他年幼，故意把一頭獐和一頭鹿放一個籠子裡，問王元澤哪一頭是獐，哪一頭是鹿。

王元澤不多想就回答說：「獐旁邊的那頭是鹿，鹿旁邊的那頭是獐。」

旁觀眾人不禁喝采，稱讚他答得妙，而那名客人聽了這個不是答案的答案，反而說不出話來。

正確的答案當然是明白地說出獐和鹿外表的不同，但是年幼的王元澤可能根本就不知何謂獐，何謂鹿，這名客人刁難的成分相當明顯。

結果，王元澤含糊其辭的運用了邏輯上「非此即彼，非彼即此」的推理方法，不確切地指明哪頭是獐、哪頭是鹿，反而說獐的旁邊是鹿，鹿的旁邊是獐；也就是說眼前兩隻動物，不是獐就是鹿，反之亦然。

邏輯的道理再簡單不過，但妙就妙在這個「含糊其辭」的答案上，怎麼說都對，又不得罪人，著實妙答。王元澤小小年紀，就能如此機智過人，不得不令眾人嘖嘖稱奇。

我們不可能期望擁有一個毫無問題、極其順遂的人生，然而，只要有問題，就會有答案，卻沒有正確的答案，只要你能自圓其說，就是好答案。

所以，我們不妨學學運用王元澤的機智，在左右爲難的時候，乾脆含糊其辭，以求左右逢源之效。

所謂山不轉路轉，路不轉人轉，有人解釋說：「我們的方向不變，只是改走一條適合自己的路。」

多發揮自己的機智，善用說話的藝術，我們解決問題的目標不變，但是我們可以選擇最好的答案，既能維持周遭的互動氣氛良好，又能成功達到自己的目的，豈不是兩全其美？

善意的謊言，不說不行

真相當然只有一個，但是有時善意的謊言才是力挽狂瀾的良策。在錯誤的時機裡，「實話」可能反而是殺傷力強大的致命武器。

還記得一部電影嗎？電影中一張嘴能將死的說成活的律師，爲求官司順利說起謊來面不改色，最後因爲兒子許願要他一天不得說謊只能說眞話，結果引來一籮筐的麻煩，生活頓時天翻地覆。

當然，說謊不是一件好事，可是，有一些謊卻不說不行。

以「不愛江山愛美人」而聲名大噪的溫莎公爵，曾有過這麼一個鮮為人知的小故事。

有一次，英國王室於倫敦舉行晚宴，招待多位來自印度當地的貴賓，以期促進英印之間的友好關係，保障英國在印度當地的種種商業利益。

這場晚宴，安排交由當時還只是皇太子的溫莎公爵負責主持。

宴會中，達官貴人們觥籌交錯，賓客相談甚歡，氣氛頗為融洽。

可是，就在宴會快要結束時，侍者為每一位客人端來了洗手盤，來自印度客人們並不清楚洗手盤的作用，看著精巧的銀盤，盛著清徹晶亮的水，竟端起來一飲而盡。

這個舉動看得席間作陪的英國貴

族們個個目瞪口呆，不知如何是好，一時間氣氛尷尬極了，大家只好紛紛把目光投向主持人。

只見溫莎公爵神色自若，同客人一般端起自己面前的洗手盤，一飲而盡，絲毫不以為意，依然與客人談笑風生。

大家看了，楞了一下，隨即跟著紛紛倣效，本來可能會造成難堪與尷尬的危機，在溫莎公爵發揮機智之下，頃刻間化為烏有，宴會維持了原本的和諧氣氛圓滿結束，也得到了預期的效果。

突如其來的危機，往往會讓人一時心慌而難以招架，如果不能沉著應對，事情砸鍋便成了最壞的結果。

英國人著重表面功夫，對於禮節更是吹毛求疵，印度人從來沒見識過英國皇室的餐桌禮儀，會出錯也是在所難免；只是當時若直接上前指正，不只客人覺得丟臉尷尬，主人也不見得掛得住面子，最後必定兩敗俱傷，不歡而散。

反觀溫莎公爵冷靜的作法，化危機爲轉機，或許不合禮節，但此舉顧全了主賓彼此的顏面，熱絡了現場的氣氛，順利地達成預期的目的，可說是一次成功的社交模式。

眞相當然只有一個，但是有時候，善意的謊言卻可能才是力挽狂瀾的最佳良策。「說實話」確實是一種良好的品性，但是在錯誤的時機裡，「實話」可能反而是殺傷力強大的致命武器。

心機最好要得不著痕跡

一味的破口大罵，甚至出手動粗，並沒有辦法真正解決問題。最聰明的做法，就是不著痕跡地讓別人順從自己的想法。

《孫子兵法》上有云：「將欲取之，必先予之」，意思是說，爲了要達成某項目的，就必定得要先做些讓步才行。

溝通要順利，首先要懂得順著對方的心意，即使犧牲了自己的面子，也要想盡辦法佔盡裡子。

想讓別人照著自己的想法走，要先肯定對方，徹除他的心防與武裝，如此才能操控整個局面。

一名剛退休的老人，回到家鄉買下房子，打算在那兒安安靜靜地度過自己的晚年，利用這段人生最後的時間，寫本回憶錄作為紀念。

剛開始的幾個星期，一切都好極了，安寧的環境對於老人的精神和寫作很有助益。可是，這樣的好日子並不長久，不知從哪一天開始，三個半大不小的男孩子每天放學後，就來到老人家附近玩耍，他們愛極了把幾只破垃圾桶踢來踢去，玩得不亦樂乎。

噪音嚴重干擾了老人的寧靜生活，最後他終於受不了，決定出去跟這幾個年輕人談判。

「小朋友，你們玩得真開心，」他說：「我很喜歡看你們踢桶玩，如果你們每天來玩的話，我每天給你們三個每人一塊錢。」

三個男孩子聽了高興極了，踢垃圾桶居然還有錢可以拿，於是更加起勁地表演他們的足下功夫。

過了三天，三個人又來踢垃圾桶，踢完了打算找老人要錢。但只見老人愁眉苦臉地說：「沒辦法，通貨膨脹使我的收入減少了一半，從明天起，我只能給你們五毛錢。」

這群年輕人聽了很不開心，但還是勉強答應每天下午來踢垃圾桶。

可是，一個星期後，老人又愁眉苦臉地對他們說：「最近都沒有收到養老金匯款，對不起，每天只能給兩毛了。」

三個人忍不住發作了。

「兩毛錢？」一個男孩子臉色發青，「你以為我們會為了這區區兩毛錢，浪費寶貴時間來為你表演？告訴你，我們不幹了。」

從此以後，老人回到了原本安靜的日子。

對於自己不滿的事物，一味的破口大罵，甚至出手動粗，並沒有辦法眞正解決問題。如故事中的老人，若他只是大吼大叫，威脅這些男孩子，不許他們來踢垃圾桶，他們不見得會聽，說不定反而踢得更兇，讓老人日夜不得安寧，最後吃虧的還是老人。

老人只有兩個選擇，一個是忍受那些噪音，直到那些年輕人厭倦了爲止；另一個則是想個辦法讓他們主動放棄踢垃圾桶。

最聰明的做法，就是不著痕跡地讓別人順從自己的想法。

老人假意附和三個年輕人，掌握住他們想佔便宜的心態，先給他們吃足了甜頭，然後再慢慢剝他們的權益，無形中加速了他們感到厭煩的情緒，最後完全達到老人預期的目的。

想要前進一大步，就要先後退一小步；爲了獲得自己想要的，有時就得先捨棄一部分利益。不懂得忍耐克制，就很難飽嘗勝利的果實。

拐彎抹角有什麼不好？

以幽默的方式，不直接面對問題，而採取拐彎抹角的手段，可以消弭彼此針鋒相對的尖銳感，當然，也可以更圓滿地解決問題。

「以偏概全」是人性的一大弱點，人的想法和觀感一旦產生偏見，造成既定印象，就很難改變。

所以，如果你遭到誤解，除非自己眞的一點也不在乎，否則就得好好想個方法來讓事情「眞相大白」，爲自己「洗清冤屈」了。

有位養雞場的主人，向來討厭傳教士，因為他覺得大多數傳教士嘴上講的是一套，實際做的又是一套。於是，這名養雞場主人，有事沒事就喜歡信口說說傳教士的壞話，到處散佈謠言。

一天，有兩個傳教士找上門來，向養雞場主人說想買隻雞。即使是自己討厭的傢伙，但生意上了門，總不好往外推吧！養雞場的主人於是忍著心中不快，帶著兩名傳教士來到雞場裡，讓他們自己去挑。

只見這兩名傳教士在偌大的養雞場中走來走去，挑了半天，卻抓來一隻毛掉得差不多，看起來病奄奄又相當難看的跛腳公雞。

主人心裡感到奇怪得很，不禁問他們，為什麼滿園子都是活蹦亂跳的雞，而他們偏偏挑上這隻。

其中一位傳教士聳聳肩回答：「我們是想把這隻雞買回去，養在修道院的院子裡，然後告訴大家，這是你的養雞場養出來的雞，順便為你做做宣傳。」

主人一聽，心中不禁著急，連忙搖手：「不行！不行！你們看這養雞場裡的雞，哪一隻不是漂漂亮亮、肥肥壯壯的，就這一隻不知道怎麼搞的，一天到晚愛打架，才會弄成這副德性。你們拿牠來宣傳，大家會以為我的雞全是這樣，那可不成！你們改挑別的雞吧！否則，這對我來說，實在太不公平了。」

另一位傳教士笑嘻嘻地說：「對呀，只是，你的行為不也是如此嗎？少數幾個傳教士行為不檢點，你就以他們為代表，一竿子打翻了一船人，對我們來說，不也是不公平嗎？」

養雞場主人這才明白自己的偏見過了頭，於是，不好意思地抓來了隻肥美強壯的大公雞送給兩位傳教士，並答應不再胡亂說傳教士的壞話了。

傳教士「以其人之道還治其人之身」的法子奏了效，養雞場主人擔心「負面廣告」成真，壞了自己的生意，忍不住提出抗議，而傳教士則藉此讓雞場主人對於

「被誤解」一事感同身受。

像傳教士一樣，設法讓對方有機會站在自己的立場上感受一下，其實是不錯的方法，可以讓彼此冷靜地再權衡一下，看看究竟是「偏執」還是「事實如此」，相信結果會有所不同。

以幽默的方式，不直接面對問題，而採取拐彎抹角的手段，可以消弭彼此針鋒相對的尖銳感，當然，也可以更圓滿地解決問題。

閃避迎面而來的攻擊

不動聲色地沉著應對，看清楚對手攻來的方向，看明白對手所持的武器，再伺機反擊，才能制伏敵人。

批評，其實是一種進步的動力，唯有透過別人的眼睛，才能檢視出自己的盲點，然後修正錯誤，重新整裝出發。

不可諱言的是，別人的批評一定帶有主觀的意見，難免會有偏激或謾罵的言論出現，這種情形特別容易發生在高層領導者的身上。因爲，高層領導者所做的決策，影響到的人數越多，對於每一個個體的需求與照顧也越難周全，當然，所遭遇到的批評與攻訐，也比旁人更多。

那麼，當我們不可避免要遭遇批評時，我們該如何自處呢？

或許，可以聽聽美國總統傑弗遜的答案。

有一次，德國科學家巴倫前來白宮，拜訪美國總統傑佛遜時，不經意間在總統的書房裡看到一張報紙，細讀之下，發現上面的評論，全是辱罵總統的攻擊之辭。

巴倫氣不過，抓起報紙憤憤地說：「你為什麼要讓這些謠言氾濫？為什麼不處罰這家報社？至少也該重罰編輯，把這個不尊重別人的傢伙丟進監獄。」

面對眼前氣得頭髮快要冒煙的巴倫，傑弗遜卻微笑著回答：「把報紙裝到你的口袋裡，巴倫。如果有人對我們實現民主和尊重新聞自由有所懷

疑的話，你可以拿出這張報紙，並告訴他們你是在哪裡見到的。」

新聞媒體的負面評論，當然一定會帶來相當大的影響，但是並非全世界的人都相信該媒體的說法。

所以，如果傑弗遜如同巴倫一般惱羞成怒，甚至利用自己的權勢對該媒體進行施壓、報復，不就反而讓人以為他是心中有愧，被人刺中痛處，才有如此暴跳如雷的舉動。

當你準備處理事情之前，千萬別忘了先處理自己的心情。

只要不任由糟糕的心情做主，就不會有那麼多糟糕的事情！

想要終結毀謗，最好的方式就是不去辯解，讓謠言不攻自破。

身處越高層的人，所得到的掌聲與注目越多，相對的所受到的攻擊也會與日俱增，誰教你目標顯著？

正所謂「譽之所至，謗必隨之」，敵人一定會從你的弱點不斷地攻來，能否坦然處之，不正中敵人下懷，就得看你如何運用智慧去化解危機。

有些事越澄清越模糊，越解釋越讓人覺得可能還有所隱瞞，反而對自己不利，麻煩揮之不去。

不如不動聲色地沉著應對，看清楚對手攻來的方向，看明白對手所持的武器，先側身避開要害，然後再伺機反擊，以子之矛攻子之盾，才能制伏敵人。

萬一不幸避之不及，最好先求保命，反正君子報仇，三年不晚嘛！

只是倒楣，還算幸運

凡事多看積極面，對於自己的情緒會有很大的激勵效果，心情好轉了，看待事物就不那麼灰暗，不知不覺人也跟著亮起來。

人生不如意十之八九，總是沒有事事順利的。有些時候，甚至覺得爲什麼霉運不斷，好像什麼衰事都迎面而來，眞的是福無雙至，禍不單行。

然而，只要在心態上略作調適，告訴自己，只不過是倒楣而已，其實還算幸運。或許心裡的感覺會好許多。

有一次，曾任美國第三十二任總統的富蘭克林．羅斯福家中遭了小偷，財物損失相當嚴重。

他的一位朋友知道這件倒楣的事以後，便寫信來安慰他。

當下，羅斯福回了一封信給朋友：「親愛的好友，謝謝你特地來信安慰我，託你的福，我現在很平安，更感謝上帝，因為：第一，賊偷去的只是我的財物，而沒有傷害我的生命；第二，賊只偷去我的部分東西，而不是全部；第三，最值得慶幸的是，做賊的是他，而不是我。」

在我們受到的委屈的時候，總不免會心生抱怨，甚至怨天尤人，埋怨自己為什麼會遭受到這樣的不幸。

但是，有些時候反向思考一下，我們其實只不過損失了部分而已，卻保留住更多的幸福呢！

正如羅斯福信中所寫的：失去的是東西、保留的是生命。試問兩者相較下，何者對你而言是最重要的呢？

答案應當很明顯吧！畢竟唯有擁有生命，才有機會去享受一切呀！

所以，凡事多看積極面，對於自己的情緒會有很大的激勵效果。心情好轉了，看待事物就不那麼灰暗，不知不覺人也跟著亮起來，好的事物與善的事物必定會接踵而來。

至於倒楣的事，就拋向腦後吧，即使發霉了，也不干你的事。

用各種角度看待事物

不要過度以自我為中心，我們最應該學習以多方面的角度來思考，而不單純的以一種方式來看待事物。

在這個知識掛帥的時代，受教育的多寡彷彿決定了一個人的智商高低、腦容量的多寡，但其實這是一種嚴重的謬誤。

許多人在許多事物上都存有既定的看法，而在接受教育的過程當中，更容易被教導許多既定的觀念和想法。所以，當我們所受的教育多了，就越容易失去從其他方向思考的能力。

美國作家艾薩克·阿西莫夫的汽車修理師極愛說笑話，每次碰上了艾薩克就愛聊上好半天。

有一次，他從引擎蓋下抬起頭來對艾薩克．阿西莫夫說：「博士，出個題目給你猜，有一個又聾又啞的人來到一家五金店買釘子，他把兩個手指頭並攏放在櫃台上，用另一隻手做了幾次錘擊動作，於是店員給他拿來一把鎚子。但他搖搖頭，指了指正在敲擊的那兩個手指頭，店員便給他拿來了釘子，他挑選出合適的就走了。那麼，博士，聽好了，接著進來一個瞎子，他要買剪刀，你猜他會怎樣表示的呢？」

艾薩克．阿西莫夫沒多想，立即舉起右手，用食指和中指做了幾次剪東西的動作。修理師一看，不禁開心地哈哈大笑起

來：「啊！你這個笨蛋。他當然是用嘴巴說要買剪刀呀。」

接著，修理師又頗為得意地說道：「今天，我用這個問題把所有上門的主顧都考了一下。」

「上當的人多嗎？」艾薩克急著問。

「不少。」他說：「但是，我事先就斷定你一定會上當。」

「那是為什麼？」艾薩克不無詫異地問。

「因為，你受的教育太多了，博士，光是從這一點，我就可以知道你不會太聰明的。」

有許多人未曾接受過高等教育，卻能在生活之中習得了更多書本裡學不到的東西，領悟力比端坐在課室裡的學子來得好。如果在受教育時，沒有先學得了自由思考的能力，只是一味地把書本裡的東西往腦袋裡塞，最後成了只會吊書袋的書呆子，反而容易被人取笑。

汽車修理師的問題，你答得對嗎？

你的思緒與邏輯是否被既定的印象與答案束縛住了呢？

其實，我們最應該學習的是以多方面的角度來思考，而不單單以一種固定的方式來看待事物。

不要過度以自我為中心，也不要輕信權威，應該有自己的主張，習慣針對事物本身去做多面向的考量，如此一來，處理事物時就能更加客觀，而不致於陷入舊有窠臼之中，或被假象蒙蔽了雙眼。

05 要真心建議，不要惡意批評

同樣的意見，說得好是建議，說得不好是批評，所以，一定要小心謹慎，以免好心卻被誤以為惡意。

懂得幽默回敬，才算真正聰明

處世要能多元運用，待人接物也要能多變通，畢竟人是多樣的，面對不同的人，要有不同的對待方式。

在好萊塢的某座片廠內，一名女明星和導演大吵了起來。

只見女明星歇斯底里地對著導演大吼大叫：「你處處都在針對我，我知道你討厭我，恨不得我趕快去死，然後好對著我的墳墓吐口水，對吧？」

「放心，我沒那閒工夫去排隊。」導演冷冷地回答。

這名導演漂亮地反唇相譏，幽默且犀利，譏諷得女明星無話可回。

遇到強勢又無理的人，常有人選擇沉默離開，或許這是避免無謂爭吵的唯一辦法，但是，碰上那些會順勢軟土深掘、得寸進尺的人時，唯有適當的反擊，才不致於使自己成爲一再被欺壓的目標。

在英國，人們聽見喬治．傑佛里斯的名字，無不露出厭惡的神情，因為他經常對犯人做出慘無人道的判決，讓許多人深感不滿。

這天，他怒目對著一名犯人，並以手杖指著他說：「你這傢伙！要知道，我的手杖指的一頭，必定是個惡棍。」

沒想到犯人竟揚起了下巴，直直地盯著傑佛里斯的眼睛說：「大人，請問您所指的到底是哪一頭啊？」

你認爲是哪一頭呢？

我們常說惡人無膽，是因爲他們一遇到比自己更兇狠的人，便逃得比誰都快。所以碰上有心機的人，我們其實不必太擔心遭人計算，因爲無論怎麼算計，還是會出現遺漏與盲點。若想給對方一個教訓，只要耐心尋找，必能找出其中死穴，伺機反將一軍。

也許有人會質疑，處理現實生活中的這些麻煩時，沒必要凡事硬碰硬。確實，我們當然可以避免，只要你看得開，而且懂得一笑置之。

若心中感覺到不滿、憤怒，適度反駁回擊其實並不爲過，因爲確實會有人是吃硬不吃軟，不適時回敬，便認定你是個好欺負的人，得寸進尺。

聰明如你，一定知道處世要能多元運用，待人接物也要能多變通，畢竟人是多樣的。面對不同的人，我們要有不同的對待方式，唯一要遵循的宗旨，就是幽默的態度。

要真心建議，不要惡意批評

同樣的意見，說得好是建議，說得不好是批評，所以，一定要小心謹慎，以免好心卻被誤以為惡意。

美國幽默大師威爾．羅傑斯這麼說過：「每個人都無知——都針對某一個主題一無所知。」

這一句話透露出人非萬能，沒有人什麼都會，所以我們需要共同合作，去補足我們無知之處；人類群居生活，爲的就是能時時互相幫助。

同樣的，沒有一個人能說自己什麼都對，什麼都考慮得周詳，所以從古到今，多少先聖哲人勸誡我們不可驕傲自私，要虛懷若谷，廣納諫言。特別是對於居高位的執政者，要求更甚。

曾經有這麼一則故事流傳。

古代波斯皇帝將大臣召集到他的身邊來，對他們說：「我想要知道你們對我的看法。你們認為我是一個好皇帝嗎？你們要毫無畏懼地說實話，我會賞給你們每人一顆寶石。」

於是，大臣們一個接著一個地走到皇帝面前，無不誇大其詞地讚揚皇帝的種種美德，最後，終於輪到智者埃拉姆。

只見埃拉姆站起身來，緩緩地走到皇帝身側。

他向皇帝說：「我寧可不發言，因為真理是買不到的。」

皇帝怔了一下，隨即對他說：「好吧，那我就不給你任何報酬，你儘管自由地說出你的看法吧。」

埃拉姆恭敬地回話：「皇上，你要知道我對你的看法？我想你是一個有許多弱點和缺點的人，和我們每個人一樣。然而，你的過失卻與一般人不同，因為你的過失將會帶來更嚴重的後果，事實上，全國人民已因賦稅過於沉重而怨聲載道。我認

為你為了舉辦宴會、建築宮殿，尤其是無謂的戰爭已花費過度。」

皇帝十分震驚於他所說的話，因為他從未聽見這些批評，內心將埃拉姆的話反覆思量，覺察自己確實有錯，於是他開始認真地反省。

最後，他仍一如他先前所許諾的，賞給大臣們每人一顆寶石，同時也任命埃拉姆為宰相。

次日一早，那些阿諛諂媚的大臣們紛紛又來到皇帝面前，滿嘴抱怨地說道：「皇帝啊，那個賣給你這些寶石的商人應該被吊死，因為，你送給我們的這些寶石都是假的。」

皇帝不置可否地回答：「喔，這我知道，那些寶石就跟你們所說的話一樣，都是假的。」

在中國，同樣也有許多爲了國家、爲了君主而勇於進諫的臣子。然而，並不是每個人都愛聽批評自己的言論，這個時候，機智說話的技巧就派得上用場了。

例如，在春秋時候，齊景公愛喝酒是出了名的，有一次竟然荒唐到連喝上七天七夜還不罷休。大臣弦章看不下去，於是死諫說：「君王已經連喝七天七夜了，請您以國事為重，趕快戒酒，否則就請先賜我死吧。」

齊景公沒有回答，只是先斥退了弦章，他聽了心裡很不高興，可是一時又不好發作，總不能真的因為這件事就賜死大臣吧。

這時候，剛好另一名臣子晏子也來覲見齊景公，齊景公便向他訴苦說：「弦章勸我戒酒，要不然就賜死他，我如果聽了他的話，以後恐怕就得不到喝酒的樂趣了；不聽的話，他又不想活，這可怎麼辦才好？」

晏子聽了便說：「弦章遇到您這樣寬厚的國君，真是幸運啊！如果遇到夏桀、殷紂王，不是早就沒命了嗎？」齊景公自然是聽出了晏子的弦外之音，仔細想想，要是真的荒廢了國政也不好，於是果真戒酒了。

齊景公與波斯皇帝知過能改的氣度，自然是值得爲後人稱頌，因爲以他們萬人之上的地位，仍能虛心接受他人建議，實屬難得。

弦章勇敢死諫，固然勇氣可佳，但是很明顯的，並不一定能夠得到想要的效果，萬一齊景公惱羞成怒，他恐怕就必死無疑了，而且齊景公可能反而喝得越兇，適得其反。相對的，晏子以機智幽默，抓住齊景公脾胃，果然暗示成功，達成了勸齊景公戒酒的目的。

人和人之間的相處，言語和思想上的往來，是理所當然的。但同樣的意見，說得好是建議，說得不好是批評，所以，當我們眞的覺得不得不發議論的時候，一定要小心謹愼，以免好心卻被誤以爲惡意。

應該記住美國詩人愛麗絲．米勒的這個原則：「如果批評朋友使你痛苦難當，那麼你便可以安心批評。但如果批評朋友能讓你感到快樂，即使只有一絲絲喜悅，也是你該閉嘴的時候了。」

小氣過了頭，小心因小失大

如果心存欺瞞狡詐，別人也不會對你太客氣；只知道小氣吝嗇，別人也很難慷慨相對。

做生意，講求的是誠信原則，吃虧或是佔便宜都做不成生意。例如，老闆怕客人殺價，一開始就把售價定得老高，而客人認定老闆一定早加了三、四成的價格，所以早就打定主意要攔腰殺價。於是，這麼一個往下砍，一個向上加，花了老半天還成不了交易。

但無論如何，如果存心佔便宜，那麼就算這次別人認虧，下一次也絕對不再和你合作，那麼吃虧的究竟是誰呢？

記得有這麼個有趣的故事。

有一個很吝嗇刻薄的大富翁，養了五隻狼狗。一天，富翁請了一位畫家到家裡來為狼狗畫一幅生活畫，他要求畫家在他家美麗的花園裡，描繪出狼狗們活蹦亂跳的各種神態。

畫家花了三天時間，在他家的花園裡捕捉這五隻狗玩耍的動作。畫好了之後，畫家將這幅畫得很生動的圖畫拿給富翁看，可是，富翁卻藉故挑東揀西，因為這個吝嗇的富翁心想，如果多挑剔一點，付款時就可以用對成品不滿意的藉口少付點錢。

畫家早聽說過這個富翁吝嗇成性，心裡很明白富翁的詭計，所以還是不動聲色地照著富翁不滿意之處一次又一次地修改。

最後，他將一幅已經修改了四、五次

的畫帶給富翁，只見富翁拿著畫左看右瞧之後竟然說：「哎呀！你怎麼沒有把狗屋給畫上去呢？」

「狗屋？」畫家一楞，想不到富翁竟還有這麼一招。

「是啊！我的狗最怕讓別人盯著看了，每一次只要有人朝著牠們看，牠們就會馬上躲進狗屋去，所以沒有狗屋是不行的。」

畫家儘管生氣，但仍然不動聲色，想了想說：「好吧！我將畫改過後，明天送來給你。」

第二天，畫家將修改好的畫送來給富翁。

「咦！怎麼只有狗屋，我的狗呢？」

「因為我們現在正盯著牠們，所以牠們躲進狗屋不出來了。你先把畫掛在牆上，過些時候沒人注意，牠們就會出來了。」畫家泰然自若地回答，「現在，請您付錢，謝謝。」

畫家以其人之道還治其身，一句話將富翁堵得啞口無言，富翁縱使百般不甘願，也只好乖乖付錢。

所謂一分錢一分貨，本來想要客戶付款付得爽快，理所當然要盡力將成品做到令客戶滿意，但是，遇上了像富翁這般的「奧客」（壞客戶），如果畫家沒有這麼發揮機智幽默，不動聲色地自力救濟，恐怕永遠也拿不到錢了，只是白白浪費精神力氣。

節儉是美德，吝嗇就不太可取了，托爾斯泰說：「沒有錢是悲哀的事，但金錢過剩則加倍悲哀。」

當然，或許有人會說，錢哪會怕用不完？

但是，如果不能將每一分錢充分發揮功用與意義，只是鎖在箱子裡，抱在懷裡，擔心被人偷走，又有什麼用呢？

更何況，該給的就要給人，爲了省一點點小錢，讓自己的嘴臉變得猙獰醜陋，犧牲了尊嚴和名聲，眞的有價值嗎？

試想，今天貪小便宜買來的東西，要是哪一天出了問題，還能奢望有人會來爲你售後服務嗎？

中國宋代理學家程頤說：「以誠感人者，人亦以誠而應。以術馭人者，人亦以術而待。」

換言之，如果心存欺瞞狡詐，別人也不會對你太客氣；只知道小氣吝嗇，別人也很難慷慨相對。懂得誠信待人，才能永續經營，不論是做生意還是自己的人際關係，都是如此。

創意，就是成功的動力

廣告要是做得恰到好處，簡單的一句話，就能發揮最大的效用，如同在平靜的湖水中，投入一個激起陣陣漣漪的石子。

再好的產品，如果沒有良好的包裝，也很難吸引群眾的目光，當然更難以博得大眾的認同。

譬如，一個質感美味的蛋糕，若沒有加上精緻的鮮奶油、水果……等裝飾，似乎就不容易讓人有食指大動的感覺。反之，一個包裝精美的禮盒，似乎就會讓人覺得裡頭的價值一定不低。

包裝的手法，說來可有大學問，非但要做得能勾起別人想一探究竟的興趣，創意還要能玩得自然且不露痕跡。如此一來，才能達到宣傳與促銷的效果。

知名的英國文學作家毛姆成名之前，生活過得相當清苦，雖然創作出來的作品不少，但是銷售狀況不佳，不免有著懷才不遇之憾。

於是，他不斷苦思究竟要如何增加文章的價值，讓自己有機會得到讀者的賞識。

有一次，當他完成一部小說之後，為了宣傳造勢，便匿名在報紙上刊登了這樣一分徵婚啟事：「本人喜歡音樂和運動，是個年輕又有教養的百萬富翁，希望能和毛姆小說中的女主角一樣的女性結婚。」

幾天之後，毛姆的小說便被搶購一空。

所以說，廣告要是做得恰到好處，簡單的一句話，就能發揮最大的效用，如同在平靜的湖水中，投入一個激起陣陣漣漪的石子。

人人爭相口耳相傳，就是所謂廣告的效益，掌握人們習慣性心態，廢話不多說，就能得到意想不到的效果。

在毛姆的廣告中，營造出一種神祕感與高貴感。

他以年輕又有教養的百萬富翁作爲前題，塑造出許多人夢寐以求的黃金單身漢形象，首先吸引了想嫁給百萬富翁的衆家女孩注意；接著是又嫉妒又羨慕的衆家男孩，也想知道究竟百萬富翁想娶的女孩和自己理想中的伴侶有什麼差別。於是，每個人都想知道「毛姆小說中的女主角」究竟是怎麼樣的人，當然這本書不大賣不行。

因爲，那則廣告已經成功地引起大衆的注意，儼然成爲一種新流行，不知道「毛姆小說中的女主角」究竟是什麼樣子的人，成了嚴重落伍的ＬＫＫ，豈是一個遜字了得？

這就是成功的廣告，這就是成功的宣傳，如果毛姆沒有發揮機智，掌握出奇制勝的法則，只是一味待在家裡苦等有心人來敲門，那麼恐怕等得再久，都還是一個沒沒無聞的作家。

這則令他頓時成爲衆人焦點的廣告，成功地爲他打開作品的知名度，也讓更多人知道他的文采，進而瞭解，進而欣賞，形成了他創作的新動力。

要有別人模仿不來的胸懷

唯有真正的實力不容質疑，與其憤怒於別人的抄襲，不如以寬大的胸懷去接受別人眼中的自己，進而磨練出別人模仿不來的特質。

人，喜歡自己是獨一無二的個體，痛恨別人抄襲自己。

然而，弔詭的是，人也喜歡追求流行，喜歡和別人一樣，以免顯得落伍。特別是當偶像穿了什麼、吃了什麼、甚至做了什麼，似乎只要和他一樣，就覺得很光榮、很快樂。於是，滿街相似的鞋子、相似的背包、相似的髮型……

既然人們不喜歡被抄襲，那麼當發現自己被人模仿、甚至被複製時，心裡會有什麼樣的感受呢？

在藝術界有舉足輕重地位的名畫家畢卡索，曾經有過這麼一個經驗。

既然畢卡索是世界知名的繪畫大師，他的作品無論是畫作還是雕塑品，都是美術收藏家愛不釋手、爭相收藏的寶貝。

也因為他的作品價值及效益相當高，於是坊間出現了許多贗品，企圖蒙蔽藝術品鑑賞力不夠專精的收藏者。

仿冒者靠著贗品賺進了大把的鈔票，當然也就代表者畢卡索蒙受嚴重的損失。這樣的消息或多或少也傳進了畢卡索的耳裡。

然而，畢卡索對於有人仿冒他的作品一事絲毫不在乎，也從不追究，頂多只是把偽造的簽名塗掉罷了。

有人對於他的作法相當不解，忍不住問他為什麼這樣做。

畢卡索說：「作假畫的人，不是窮畫家就是老朋友。我是西班牙人，不能和老朋友為難，窮畫家朋友們的日子也不好過，再說，那些鑑定真跡的專家也要吃飯。畢卡索的假畫使許多人有飯吃，我也不算吃虧，為什麼要追究呢？」

能有如此寬闊的胸襟，難怪可以成爲大師。因爲，畢卡索心裡明白，是因爲自己的畫作有非凡的價值，才有人要費心力去仿作，而有了這些人的仿作無形中也更增加了原作的價值。

換句話說，唯有夠出名的人，會成爲衆人模仿的對象。

如果，畢卡索只對自己眼前的利益有興趣，只在乎贗品讓自己的利益蒙受損失，而不是展現出自己的作品有著贗品模仿不來的品質與實力，那麼，他根本沒有生氣的立場。

因爲，說不定當贗品的作者，將自己的實力展現在自己的作品上時，或許世界上就出現了另一位優秀的藝術家。

唯有眞正的實力不容質疑，也不怕別人抄襲。所謂「眞金不怕火煉」，與其憤怒於別人的抄襲，不如以寬大的胸懷去接受別人眼中的自己，進而磨練出別人模仿不來的特質。

在人生的過程中，如果我們不想讓自己的心情充滿陰霾，就必須像畢卡索一樣，學會用寬闊的胸襟面對那些惱人的事情。

量力而為，才是真正的成功

所謂「兩害相權取其輕，兩利相權取其重」，如果能運用智慧，使事情得以兩全，魚和熊掌都想辦法得到，那是再好不過的了。

英雄人人想做，但可不是人人都做得到。除了要有機緣，還得要有足夠的實力和機智反應才行。

當一個可能成爲英雄的機會來到你的面前時，你會如何抉擇？是不顧一切，只爲了求得成功？還是先惦惦自己的分量，再考慮要不要做、該如何做，以免英雄當不成，卻成了十足的狗熊？

貝爾納是一位法國著名的作家，一生中創作了大量的小說和劇本，在法國影劇史上占有極重要的地位。

有一次，一家法國報社安排了一次有獎徵答比賽，請讀者將答案寄到報社，再由報社選出內容最佳的答案，獲選人可以得到一筆鉅額獎金。

其中有這麼個題目：「如果法國最大的博物館羅浮宮失火了，情況相當緊急，只允許搶救出一幅畫，你會搶哪一幅？」

結果，在成千上萬的回答中，貝爾納以最佳答案獲得了該題的獎金。

他的回答是：「我搶離出口最近的那幅畫。」

羅浮宮的藝術品，當然是世界珍寶。但是，若為了搶救最為珍貴的一幅畫，而陷入重重危機，甚至使自己喪失寶貴的性命，那麼即使是世界珍寶也同樣成了廢紙，不是嗎？

所以，貝爾納答得好，要在自己確保安全的狀態下，盡力求得最大的效益，才是最正確的做法，如此不但保全了一幅珍貴的畫作，更保全了自己的生命。

所謂「兩害相權取其輕，兩利相權取其重」，如果能夠運用智慧，使事情得以兩全，魚和熊掌都想辦法得到，那是再好不過的了。

突如其來的狀況或是事態急迫時，特別容易讓人心慌意亂，如果不能冷靜下來想妥辦法，當然難以隨機應變。

所以，遇事要冷靜，先擬妥計劃；設定目標時更要實際，仔細衡量自己的能力，不要奢想自己根本做不到的行動，然後，把握住時機，全力衝刺，拚勁一搏，所得到的結果，說不定會比自己原先預期的還要好。

凡事先量力而爲，踩著踏實的腳步，一步接著一步地前進，完成一個目標，再邁向下一個目標；那麼不論如何，你都已經達成一個目標了，能夠掌握在手裡的成功，才是最眞實的。

有人說過，人生就如一場棒球賽，場上有一個個壘包，是每一個人生階段的重要目標，只要打擊出去，不論所擊出的是安打或全壘打，一定得踩過每一個壘包，奔回本壘後，才能算得分。

其實，就算不是強打選手，就算不能擊出全壘打，只要有機會站上壘包，就有機會爲隊伍得到分數。因此，不要過分膨脹自己，也不要過度貶抑自己，重要的是，要清楚地認識自己。

再多掩飾也無法取代真實

面對生活、工作，不論有再多的包裝遮掩或偽裝修飾，我們最後還是要面對真實的自己。

「在正式上台表演時，請您一定要準備真的珍珠項鍊讓我配戴。」女演員非常堅持地說。

導演聽後，聳了聳肩膀道：「那好吧！今天這場戲中所有的道具我們全換成真的好了，第一幕的珍珠項鍊是真的，街道上的樹也用真的，椅子當然也會是真的……哦！當然最後一幕，你們要吞服的毒藥也會換真的！」

表演者爲了能更貼近觀眾、說服觀眾，總是力求逼眞，無論是服裝、背景或是劇情設計，無不竭盡所能地將之眞實呈現。

一般來說，演員們要求的「眞」，是像下一面這個例子。

有一天，導演相當興奮地對德隆先生說：「德隆先生，你扮演的傷兵角色真是維妙維肖啊！特別是臉上流露出的痛苦表情，實在太逼真了，你的確是個非常專業的表演者。」

沒想到德隆先生竟說：「當然逼真了，因為在演出前，我預先在鞋底放了一枚圖釘啊！」

導演一聽張大了雙眼，臉上滿是佩服的神情，接著不忘提醒他：「原來如此！你真不愧是位專業的演員，不過再來要拍攝奔逃的那一幕戲，你可千萬要記得把那玩意兒丟掉。」

一個是要求「眞實的治裝」，另一個是要求「逼眞的演技」，兩名演員的目的都一樣，同時對於「專業」的認知也一樣有所不足。

這就像報上曾經報導的，一位女作家爲了能將援交女孩們的感受和生活情況眞實呈現，竟親自披掛上陣，親身體驗援交的生活。這理由看似合理，可是眞有必要如此嗎？

正如第一則故事中女演員提出的要求，許多人總是想盡辦法給自己一個理由，用來強化「犯錯」的藉口，然而再好的藉口也會出現破綻，畢竟「錯」並不會因爲包裝精緻而變成「對」。

換個角度想，當女演員脫下「珍珠」，當德隆丟掉「圖釘」，當女作家回歸正常生活後，眼前的眞眞假假，對他們來說，不也成了「遺憾」和「空虛」的同義詞嗎？

無論是想借題發揮，還是藉物寄託，我們最終還是要誠誠實實地面對自己，所以在導演幽默地提醒德隆要拿出圖釘時，我們也讀到了其中的告誡：「戲劇只是一種生活或生命的仿製，並不可能完全取代真實的人生，面對生活、工作，不論有再多的包裝遮掩或偽裝修飾，最後還是要面對真實的自己。」

不要當面給人難堪

當面給人難堪並不是什麼值得稱許的事，反倒是以同理心的態度為他人著想，才是真正令人敬重的修養。

看到一個人在路上踩著了香蕉皮，因此滑了一跤，你是會捧腹大笑，還是會過去扶他一把？

大文豪海明威的哲學是：「千萬別譏笑不幸的人」。別人的困窘和不幸，都不是一件可笑的事，至少不該由旁人來笑，因爲那是他個人的事。

二次大戰時期，萊德勒少尉服役的美國海軍砲艇「塔圖伊拉」號停泊在重慶。這天，他興致勃勃地參加當地舉辦的一種碰運氣的「不看樣品的拍賣會」。

那位拍賣商是以惡作劇而聞名的，所以當拍賣一個密封的大木箱時，在場的人都肯定箱裡裝滿了石頭，然而，萊德勒卻開價三十美元。

拍賣商隨即喊道：「賣了！」

萊德勒打開木箱，裡面竟是兩箱威士忌酒，那在戰時的重慶來說，是極為珍貴的酒。於是，眾人大譁，那些犯酒癮的人甚至願意出價三十美元買下一瓶，卻都被萊德勒回絕了。

他說，他不久要被調走，正打算將這箱酒用來開一個告別酒會。

當時，人在重慶的美國著名作家海明威也犯了酒癮，聞訊之後來到「塔圖伊拉」號砲艇，對萊德勒說：「聽說你有一箱醉人的美酒，我想向你買六瓶，你要什麼價格？」

萊德勒想了一想，說道：「好吧，我用六瓶酒換你六堂課，教我成為一個作家，如何？」

海明威做了個鬼臉，笑道：「老兄，我可是花了好幾年功夫才學會幹這行，這價格可夠高的。好吧，成交了！」

如願以償的萊德勒連忙遞上六瓶威士忌給海明威。

接著的五天裡，海明威不失信用地給萊德勒上了五堂課，萊德勒很為自己的交易感到得意，因為他只以六瓶酒就能得到美國最出名的作家指點。

海明威眨眨眼說：「你真是個精明的生意人。我只想知道，其餘的酒你曾偷偷灌下多少瓶？」

萊德勒說：「一瓶也沒有，我要全留著開告別酒會用呢！」

海明威有事要提前離開重慶，萊德勒陪他去機場，海明威微笑道：「我並沒忘記，這就給你上第六堂課。」

在飛機的轟鳴聲中，海明威說：「在描寫別人前，首先自己要成為一個有修養

的人……」作家接著說：「第一要有同情心，第二能以柔克剛，千萬別譏笑不幸的人。」

萊德勒說：「這與寫小說有什麼相干？」

海明威一字一頓地說：「這對你的生活是至關重要的。」

正在向飛機走去的海明威突然轉過身來，大聲道：「朋友，你在為你的告別酒會發請柬前，最好把你的酒抽樣檢查一下！再見，我的朋友！」

回去後，萊德勒打開一瓶又一瓶酒，發現裡面裝的全是茶。他這才明白海明威早就知道了實情，卻隻字未提也沒有譏笑的意思，依然遵諾踐約。

此時，萊德勒才懂得，一個有修養的人的涵義。

如果要貶低別人，才能得到自我的價值認同，那麼這個人的心必定是不美的，是醜惡的。

人類學家艾胥利．蒙塔古相信：「教育的主要目的是教導學生成為一個具有愛心，懂得關懷別人的人。……這點是可以證明的，如果不在『心』上面下功夫，那麼無論在智力上做了多少訓練，教育功能還是不彰的。結果可能造就一位得了文憑，學富五車，卻是冷酷無情的人。」

當面給人難堪並不是什麼值得稱許的事，反倒是如海明威般，以同理心的態度爲他人著想，才是眞正令人敬重的修養。

06 用幽默的態度看待惱人的小事

恩怨情仇皆是生活中的小事，想擁有一段幸福圓滿的人生，就該幽默以對，別再讓生活中的小事困住自己。

心情放輕鬆，就能展開幽默作風

把心情放輕鬆，自然能展現機智幽默的行事作風；自然能在笑聲中，看見冷靜解決問題的智慧。

法官大聲地怒斥：「你膽子真大，竟在一個星期內犯下六件搶案！」

犯人一聽，居然對法官說：「法官大人，說真的，如果所有的工人都像我這麼勤奮，那麼我們的國家發展必定非常興盛繁榮。」

法庭上的精采對話，常讓人啼笑皆非，但也偶有讓人拍案叫絕的時候，就像這個犯人的回答。當然，這傢伙的「勤勞」肯定用錯了地方，但他的邏輯思考卻是發人深省的。

回到現實生活中，有多少人不是正如犯人所說的一樣？我們不難發現，那些埋怨工作難找的人，多半是抱持好逸惡勞的生活態度，即便機會近在眼前，他們也懶得伸手摸一摸！

再反思這個犯人，不也正因爲「好逸惡勞」的價值偏頗，而讓他老想著「投機取巧」，想著「強取豪奪」別人辛苦掙得的財富？

閱讀故事可以有好幾個面向，每一個角度都可以得到啓發，只要我們肯認眞思考，負面例子也可以得出正面省思，正向思考更能糾正負面念頭。

好像下面這個故事，當我們氣憤搶匪犯罪行徑的同時，卻也從行員的有趣反應中，另得一個正面的思考方向。

芝加哥銀行櫃台前交易客戶絡繹不絕，其中有一個人忽然舉起槍對著行員說：「動作快一點，我要提領一筆錢……」

行員點了點頭，問道：「先生，請問您的帳號是……」

那人一聽，皺眉斥喝：「我要是有帳號的話，還拿手槍幹什麼？」

在這裡我們不聊搶匪的問題，因爲讓人最感興趣的是這銀行人員的反應能力，說他不懂察言觀色發現眼前人的意圖，似乎不對，看見他傻呼呼向對方要帳號，冷靜且理性地對付，不也說明了他有意拖延時間的機智？

故事的結局不難想見。一如我們所熟悉的，多數人遇上懂得裝傻的人，通常都不知道要如何應付，故事中的搶匪，和行員牛頭不對馬嘴的互動，不過是被捕之前的簡短過招！

世上聰明人裝笨蛋的情形不難分別，從各種故事例子中，我們總能看見生活中眞正的聰明人處理事情的技巧，也常常能從他們呆呆的傻笑中，看見他們輕鬆將世事鬆綁解套的訣竅。

如果想問他們是怎麼做到的，其實很簡單，把心情放輕鬆，自然能展現機智幽默的行事作風；跟著自己的感覺走，凡事輕鬆看待，也冷靜理性地應對，自然能在笑聲中，看見冷靜解決問題的智慧。

用幽默的態度看待惱人的小事

恩怨情仇皆是生活中的小事，想擁有一段幸福圓滿的人生，就該幽默以對，別再讓生活中的小事困住自己。

沒有人不希望生活時時充滿歡樂，日日爲陽光普照。如果你想擁有這一切，請記得，一切從放下仇恨、擁抱幽默、學會寬心待人開始。慢慢地，我們終將感受到心情的歡喜幸福。

有個人被狗咬了一口，卻一直沒有好好治療傷口，只見傷勢越來越嚴重，好一段時日都無法痊癒。他終於感覺事態嚴重，這才去看醫生。

醫生看了一眼，便叫人牽來一條狗，因為必須確認一件事——這個人是否正是被這隻患有「狂犬病」的狗所咬。

確認後，醫生立即幫他注射血清，但似乎拖得太久了，為時已晚。無可奈何下，醫生只好安慰他看開一些。

這個人聽完，呆了很久，跟著卻坐在看診室的桌旁，振筆疾書起來，醫生忍不住安慰他：「其實，我只是說可能不會好，情況也沒有非常惡劣，你還不必現在就立遺囑。」

「我不是在寫遺囑，我只是想列出那些該讓這隻狗也咬上一口的人的名單。」男子回答。

知道惡犬有病，男子掛念的卻不是自身安危，反而期望著仇人、敵人也能有相同的遭遇，如此心態，眞不知道該說他可悲，還是他的敵人可憐。

一個惡棍死了，死者為大，大家即便不喜歡他，還是來參加他的葬禮。

然而，葬禮上所有人全都靜默不語，神父忍不住問：「對於死者生前的一切，在你們心中，難道真的沒有留下丁點美好記憶？」

大家聽了，你看看我、我看看你，片刻之後，一個理髮師說了：「有，由於他的毛髮稀疏，每次刮他的臉總覺特別容易。」

每個人來到生命盡頭，總少不了一絲善念興起。所以，面臨生命危機，面對仇恨的人死去，何不學會寬容？

走到最終的時候，心中如果依然想著恨與怨，只是徒增不必要壓力，讓人生更顯悲情。

人生應該往前看，我們心中該存有的，不是爲何仇恨的人不死、不病，而要感謝他們讓我們明白必須更疼惜自己。面對已逝的仇恨，我們該做的不是開心歡喜，而是要感慨生命的短暫，然後更努力把握現在。

恩怨情仇皆是生活中的小事，想擁有一段幸福圓滿的人生，就該幽默以對，別再讓生活中的小事困住自己。

給自己一個「優質」人生

聰明如你，想必此刻正認真省思著，自己的人生是只需及格分數，還是積極地想得一個「優」？

生活好壞常常由態度決定，人生際遇也經常隨態度轉換變化，若思維能鎖定於正向，你我的腳步自然會走向正面積極的目標。思考常入悲觀灰暗，心靈自然會悄悄引著我們，走向悲慘人生。

有位就讀於二年級的大學生，寫了一份〈論莎士比亞創作〉的報告，教授給了他一個「優」。

作業發回不久，教授便要求這位學生到辦公室與他談談。

學生立即前往，教授一看見他，便說：「你大概不知道，我也是畢業於這所大學，也是住在你現在住的那間宿舍。而且，我們還保存了以前校友的考核作業，目的就是想在需要的時候便利地翻閱參考，我相信你都曉得。」

「我應該說，你很幸運，因為你一字不差地抄襲了我過去所寫的一份關於莎士比亞的報告。」

教授說到這兒，只見學生滿臉驚恐地看著他。

「當然，你一定會感到吃驚，也非常好奇我為什麼會給你『優』的等第。孩子，那是因為當年我那保守的教授只給我『及格』兩個字，但我總覺得自己應當拿到『優』的。」

好的老師不只能給學生好的指導方向，更懂得保全學生的尊嚴，好像故事中的教授，明知道學生犯錯，但他並未直指其過，反而是以更寬容、幽默的方式來糾正錯誤，讓對方明白好壞之間，其實相當主觀，而對與錯的差異，也只在一個小小的念頭轉換。

下面還有一段有趣的師生對話，從中我們更可以理解一個道理——好的教育技巧，能帶動學生們的創意。

某間學校的學生們特別喜歡音樂課，因為任教的音樂老師非常幽默風趣。有一次考試時，他出了這樣一道題目：「巴哈有二十個孩子，因此他一生中把大部分時間花在『　』上面。」

老師留下空格，要學生們填寫正確的答案。

調皮大膽的學生，紛紛寫下「床上」的答案，有些學生則比較嚴肅，回答是「德國」，當然大多數的人都認為是「作曲」。

但是，最終卻沒有一個人答出正確答案，於是學生們著急地詢問老師，正確答案是什麼。

老師笑著回答：「還債。」

聽聞前述問題時，你心中出現的是什麼樣的答案？

無論你的答案是什麼，都必定是個好答案。人生許多課題沒有絕對的錯與對，一如第一則故事；而透過第二則故事的引導，則讓我們更加明白，每個人都會有出錯的時候。

錯誤本身是很單純的一件事，更重要的是我們的自省能力高低，是否懂得從中反省，進而引領自己走向正確的道路。

故事極爲簡單，但寓意省思由人，想得深刻，我們便得深刻啓發，若只懂輕輕帶過，得到的當然不會多。聰明如你，想必此刻正認眞省思著，自己的人生是只需及格分數，還是積極地想得一個「優」？

話說得巧，效果會更好

一百分還是零分，極可能導因於學習態度的差異，把話説得更巧，多以正面鼓勵的方式展開教育，孩子自然會表現得更好。

生長在經常傳遞悲觀念頭家庭裡的孩子，態度自然悲觀，反之，生活在陽光積極家庭的孩子，時刻都懂得展現陽光活力，當然較具幽默感。

爲人父母，要小心謹慎自己的一舉一動，常用巧妙的話語和孩子溝通，因爲孩子的未來與學習態度好壞，取決於家庭教育的成敗。

湯姆手裡拿著試卷，怎麼也答不上來，便在試卷上寫道：「上帝曉得，我不知道。祝老師耶誕快樂！」

過了幾天，老師把考卷交給湯姆，上面的批語是：「上帝一百分，你零分。祝你新年快樂！」

老師的幽默批語，想必逗得不少人發笑，仔細想想，這位老師不也挺棒的嗎？他沒有以斥責聲來糾正學生的過錯，反而以幽默回應提醒學生，間接達到正面的教育目的。

教育事業原本就不是容易的工作，但若能幫助孩子走向正確的道路，便是極快樂的事。不過，也不能一味地只想靠學校老師的幫助，別忘了，家庭才是孩子最重要的學習根源。

一位父親正在和老師談論兒子的學習情況，說道：「老師，請您告訴我，我兒子的歷史學得怎樣？唉，回想我當初唸書的時候，其實很不喜歡這門課，考試總是不及格啊！」

歷史老師說：「原來如此，那歷史恐怕正在重演。」

我們可猜得，這位父親必定經常給孩子相似的訊息，讓孩子知道他的歷史總是最差的。在潛移默化下，孩子自然而然地會以父親爲準則，允許自己歷史成績上的不足。

別以爲不可能，回想我們過往的經驗，家人若在某一方面表現突出，自己不也會跟著模仿學習，並積極地以此作爲換得鼓勵掌聲的途徑？

所以，常給自己肯定，也常給孩子肯定，這才是應當建立的教育態度。好像前述故事中的父親，若能傳遞正面訊息，讓孩子明白歷史的趣味，甚至是幽默的自我解嘲，相信孩子會以更積極正面的態度進行學習。

一百分還是零分，極可能導因於學習態度的差異，把話說得更巧，多以正面鼓勵的方式展開教育，孩子自然會表現得更好。

美醜真假只在幽默的一念

幽默看待萬物，便可得深刻的生活禪思。何妨給自己一點空間，以單純眼睛看世間？從此觸目所及，必無一不是美麗真實之境。

在某些人眼中相當美麗的事物，對某些人來說卻可能醜陋不堪，正如有些眞相，對某些人來說，是根本不存在的假象。之所以有這些差別，問題不在事物本身，而在你我的一念。

別忽略了自身心念的寬度，懂得包容世事，懂得寬待萬物，將幽默態度落實於生活，慢慢地我們都將明白，這世界只有眞與美。

小孫子問教授爺爺：「爺爺，為什麼你說一切假的都是醜的？」

「那當然嘍！難道你能舉出相反的例子嗎？」爺爺問。

「可以啊！」孫子爬到教授的膝上說：「你看看你自己，裝上假牙後又年輕又精神，拿掉牙，你嘴巴又空又癟，這不是相反的例子嗎？」

教授聽了，大笑說：「有道理！」

醜似美，眞實醜，聽了這番童言童語，你對美醜是否有了不一樣的定義？

孩子的眞心話，總讓人會心一笑，也更引人深思，好像下面這個故事，在聽來無禮的話中，隱含著某些深義。

「我再也不洗臉了！」有一天，小多莉忽然對奶奶這麼說。

「為什麼呢？真是個小淘氣！妳知道嗎？當奶奶像妳這麼大的時候，可是天天洗臉呢！」奶奶說。

「所以我才不洗，我不想變成妳現在這樣啊！」小多莉回答。

小多莉不懂歲月增長的變化，只懂眼前所見到的眞實畫面，從中也讓我們明白，人生不活在當下，又在何時？

假牙看似很虛假，卻是眼前爺爺最需要的東西，既是生命所需，那又何必在意眞假？只要有助於生命繼續，讓人清楚說出心中眞心話，即使是假的，我們亦當認眞看待。

又好像另一則故事中，滿臉的皺紋正是生命漸進轉動留下的痕跡，又何必爲此苦惱煩心？仔細想想，我們每天洗臉爲的是什麼？是讓自己清醒，以看見更明亮的本心，還是爲了讓人看見一個表面漂亮但內心無知的靈魂？

幽默看待萬物，便可得深刻的生活禪思。美醜一念，眞假不辨，一切標準存乎你我的一念心。何妨給自己一點空間，學學孩子們以單純眼睛看世間？從此觸目所及，必無一不是美麗眞實之境。

幽默將兩性距離更拉進

聰明幽默地活用生活之道，你我想要的幸福家庭，你我渴求的幸福伴侶，一定能時刻陪在身邊。

男人害怕女人嘮叨，女人苦惱男人不體貼，各有各的擔心，也各有各的煩惱不滿。然而，仔細思考其中存在的問題，不過是不懂得爲對方著想罷了。

男人想要女人不嘮叨，只需要多付出一點體貼的關心，至於女人們，若想男人多一點體貼，該試著少開口，沉默地給他一個深情的眼神，想要的溫柔回應必然轉眼可得。

哈利夫婦正在河邊釣魚，由於哈利夫人不會釣魚，只好坐在一旁，不斷地對著

先生說話。不久，哈利先生釣起了一尾魚，在此同時卻聽見哈利太太這麼說：「唉，這魚真可憐！」

哈利先生聽了，翻了翻白眼，無奈地對著魚兒說：「是啊！要是你肯閉嘴，那就沒事了。」

聽了哈利先生的幽默回應，不知讓你得到什麼樣的啓發？

在這個帶黑色幽默的回應中，我們看見了夫妻之間常見的相處問題——缺乏對彼此的體貼心意，造成了埋怨、不滿。

不妨再看看下面這一例，然後繼續思考，必定更能明白問題所在。

有天，妻子對丈夫說：「親愛的，聽說男人禿頭，是因為用腦過度，你覺得是這樣子的嗎？」

男人點了點頭，說：「當然是呀！妳想想，女人為什麼不長鬍子呢？正是因為女人們整天喋喋不休，讓下巴運動過度的緣故！」

男人總說女人嘮叨，也害怕女人嘮叨，女人總說男人冷漠，更擔心遭男人冷漠對待。看似全是別人的錯，實則問題根源出在自己的身上。

例如哈利先生的故事，知道妻子不會釣魚，丈夫若懂得體貼，便應當詢問對方的需要，爲她安排適宜的休閒活動，那麼妻子的嘮叨自然停歇，兩個人之間也自然會因爲多了一份體貼心意，而更見感情增益。

同樣的，女人若期望男人熱情回應，也要知道男人喜歡與不喜歡的事，就喜歡的事多給予支持鼓勵，並減少他們不喜歡的情況。體貼地明白丈夫的心中盼望，聰慧地扮演好另一半的角色，他們自然會懂得回饋以熱情與疼惜。

其實，兩個人相處的道理並不深，我們常聽見的，總是那幾個簡單道理。只要能聰明幽默地活用生活之道，你我想要的幸福家庭，你我渴求的幸福伴侶，一定能時刻陪在身邊。

幽默，讓學習積極活潑

> 肯定鼓勵的方法才能挑起學習熱情，想帶動別人的學習興趣，更要以積極幽默的方式引導。

學習是互動的，多了主觀的認知與態度阻礙，便很難有充分的溝通與交流。所以，身爲教育工作者，不只要懂得如何教學，更重要的，要知道以客觀態度引導學生積極學習。

好的老師懂得關心學生，更懂得幽默教學，因爲他們知道，風趣幽默的方式最能吸引人，挑起積極學習的意願。

學生們最害怕英國文學課的老師，因為他對成績的要求極為嚴格，除此之外，

大家更害怕分發考卷的時候。

因為他是以分數高低來區分，分送考最高分的試卷時，他會舉在頭頂上交給學生，次之的，就放在桌子上讓學生自己來拿取，再次之的，就放在膝蓋上讓學生來拿，再次之的，就放在地板上讓學生自己取回。

這次期末考卷照往常分發後，卻還有三名學生沒有拿到考卷，他們只好上前請問老師，自己的考卷到哪裡去了？

只見老師冷冷回答：「要考卷嗎？麻煩你們半夜時分再回到這間教室來，因為我把剩下的考卷埋在講台下。」

這確實是十分可怕的方式，看似公平，實則一點也不顧及學生的顏面。若說嚴格是好事，但從人性的角度思考，如此態度與方法只會造成學生的反感、反彈，更無法愉快地學習英國文學。

畢竟，老師挑起的不是學生們的省思，而是恐懼和反感，當然難以得到好的學習結果。如果這位老師能學學下面這位化學老師的教學方式，或可讓學生更樂於積極學習。

化學老師在黑板上寫了一個化學分子的程式，然後叫了一位學生的名字：「約翰，你來說說看，這是什麼分子的程式？」

「是……那個……是……」約翰似乎想不起答案。

「答案是什麼？」老師又問了一次。

「它……其實就在我嘴邊，我……」約翰心虛地說。

老師聽了，忍不住笑出聲道：「那你還不快點把它吐出來？要知道，那可是鹽酸哪！」

多妙的「吐」字，老師沒有直言指正學生的問題，而是幽默地提點學生所學不足，讓人更覺學習富趣味。

以第一則故事爲例，當老師只以分數成績作爲品評學生的標準，或是以此來揚好貶壞，學生之間的落差將變得越來越大，特別是那些對這個科目已經感到興趣缺缺的學生。

第二則故事中，「吐出鹽酸」的幽默隱喻，才能真正加深學生的記憶。

從中反思，聰明的人都知道，肯定鼓勵的方法才能挑起人們的學習熱情，想帶動別人的學習興趣，更要以積極幽默的方式引導，如此，更能點燃學習的意願與自信。

知道錯誤，更要知道錯在何處

最理想的家教是幽默地讓孩子學會自我省思，不必責罰，便懂得面對己過，學習改進。

希望孩子能不再犯錯，期望孩子能走在正確的道路上，我們該做的不是嚴厲地告訴孩子「什麼可以，什麼不可以」。最好的方法，是引導他們思考爲什麼要這樣做才好，又爲什麼這樣做是不好的。當他們犯錯，我們不必急著責罰，而是要讓他們知道自己錯在哪裡，又要如何才能不再犯錯。

歐達在踢足球的時候把窗戶打破了，父親氣得不得了。

最後，他決定：「我要把你關到雞棚去！」

歐達連忙抗議：「不行，我不會下蛋啊！」

爲了免除責罰，孩子總會想出千百怪的理由藉由來應付，然而在他們天眞的話語裡，我們除了聽見天馬行空的想像，更會聽見孩子們心智成長的缺失，並思考應當如何正確地引導。

馬克很調皮，父親經常揍他，但今天的馬克卻顯得有些異常，只見他咬緊了牙根，忍著痛，不再像從前那樣向父親求饒。

直到被教訓完畢，馬克才惡狠狠地說：「你打啊！再打啊！你愛怎麼打就怎麼打，我發誓，將來一定會向你的子孫報仇！」

如此沉重且充滿仇恨的話，不知道給了你什麼樣的啓發？

孩子的世界單純也直接，然而正因爲過於單純直接，他們不懂檢討省思自己的

過錯，就像馬克的回應一樣。被責罰的時候，沒有思考自己的問題，而是惱怒地想著挨打的疼痛，進而心生怨恨。

如此心思，若不能及時導正，未來恐怕會導致危機。

教育孩子，可以時而正面，時而反面，重要的不是我們用哪一個面向去教育他們，至關重要的是，能不能教導他們以正面的思考邏輯去面對過錯，並懂得時時反省，自我糾正。

其實，責罰只是一個方法，也不是絕對或最好的方法，因爲最理想的家教是幽默地讓孩子學會自我省思，不必責罰，便懂得面對己過，學習改進。

不要急著把怪責孩子的過錯，而是要讓他們知道自己錯在哪裡，並且明白怎樣的作爲與態度才正確。

幽默引導的成效，會較一味責罰更高。

07 不要讓自己的幽默太過火

輕鬆生活不代表可以隨性作為，幽默也不可過火，唯有能保有自己的真性誠心，才能期待良善社會環境的建立。

積極學習，夢想才有意義

幽默看待磨難，多爭得一次學習機會，即使得耗費氣力也值得，因為在那之後，終將換得更豐盈的財富。

空有夢想，卻不知道積極行動，將會引人迷失方向。心中有夢，記得積極前進，人生路似長猶短，邁出的腳步一旦停滯，必然離夢想更遙遠。

一天，學生忽然對老師說：「老師，我常夢見我已經當上教授了耶！」老師聽了，微笑不語。

「老師，我要怎樣做才能讓夢想成真呢？」學生問。

老師依然面帶微笑，說：「很簡單，少睡覺。」

很簡單的答案，卻也是最中肯的答案。「少睡覺」，才能減少「做夢」的時間，也才能把這些多出來的時間，踏踏實實地用於學習上。

學習之路難以錢計較，只要我們能認眞，少睡一分鐘，便能多踏出一個成功腳步。同樣的，每花一分力，終將收得物超所值的回饋。

若還不懂得這個道理，下面的故事也許可以給我們更多省思。

有個人想送他的兒子到學校念書，老師說：「好，我們可以收留他，不過你得交足二十法郎的學雜費。」

「二十法郎？這麼多啊！我可以用它來買一頭驢子了。」男子不捨地說。

老師看著男子，說：「假如你真的用這二十法郎去買頭驢，卻不讓孩子上學的話，那我保證，將來你家會有兩頭笨驢。」

許多人在衡量事物價值時，會習慣性地以金錢來計算，但你眞覺得金錢眞能估出事物的眞正價值嗎？

聰明如你，想必早知道是估不出來的，因爲萬事萬物皆有其有價與無價的一面。即使標價僅一塊錢，對喜愛的人而言就是價值非凡之物，反之，標示無價的物品，對使用不著的人來說，與垃圾場裡的廢棄品無異。

所以，別只想著那二十法郎，也別想著美夢，行動吧！

你我都知道，一個人的成就與學習機會是無價的，能爲自己多爭取一些時間，自然多進一步。幽默看待磨難，多爭得一次學習機會，即使得耗費氣力也值得，因爲在那之後，終將換得更豐盈的財富。

要風趣，不要反唇相譏

描述自己真實窘況的時候，不一定得反唇相譏，下次遇到諸如此類的問題，不妨發揮自己的幽默感，給對方一個風趣的答案吧！

「派翠克，寡婦梅洛妮剛提出控告，說妳把她最愛的小豬仔偷走了，這是真的嗎？」神父質問派翠克。

派翠克點了點頭，非常誠實的說：「是的，神父。」

神父搖了搖頭說：「妳偷她的小豬做什麼？」

「偷來……吃……對不起，因為我實在太餓了！」派翠克說。

「我的神哪！派翠克，當妳來到末日審判的那一天，若是遇見寡婦和豬仔時，妳要怎樣替自己辯護呢？」神父提醒她犯的錯恐怕難以得到寬恕。

「神父，您說小豬仔也會在那裡嗎？」派翠克問。

「當然會啊！」神父點頭說。

「那太好了，神父，請您放心，到時候我會對寡婦說：『夫人，您的愛豬在這裡呀！』」派翠克放心地點點頭說。

派翠克這有趣的回答，不知道帶給你什麼樣的思考啓發？

先不討論派翠克偷了人家小豬仔的責任，我們不妨一同從宗教信仰中反向思考，當宗教約束力不再，人們對於信仰只有「祈求救贖」或「捐獻增福」的目的時，似乎對死後審判再也不覺得可怕，即使經書裡一再強調前世今生的因果報業，人們好像也不太在乎了。

究其原因，最重要的是因爲現代人只想好好活在當下，多數人連今生都自顧不暇了，哪還有餘力去思考「死後」？今生都求不全了，哪來的餘力尋求死後來生啊！想著那些一心念念著死後，只想靠著未知的地獄天堂來約束人們的人，不知道你是否也覺得這類人很不切實際？

再舉一例，也許更能讓我們看清並正視其中的現實面。

曾經有個牧師到窮人區推廣宗教信仰，這牧師問一戶窮人家的主人：「請問，您死後是想上到天堂，還是想下到地獄去？」

窮人冷笑一聲，回答說：「唉，到那時候再看看吧！只要哪邊的玉米麵粉便宜，我就到哪邊去囉！」

多簡潔有力又風趣的一個答案，連三餐溫飽都成問題的窮苦人家，填飽自己的肚子都有問題了，光是賺錢餬口都來不及，哪裡還有時間去參與宗教活動，甚至是掏錢捐獻呢？

這裡我們不是要否定宗教的功勞與作用，只是當人們一味靠著信仰來紓解犯錯的內疚，或祈求脫離貧困，而不是由心做起，且相信神多於相信自己，只知利用告解求救或捐錢來期待改變命運，那宗教之於他們恐怕壞處多於好處啊！

我們都知道，宗教不是唯一教育心靈的方式。懂得自省，知道培養自己的道德心與良知，認眞生活在今生，勇於面對的現實當下，絕不期待未可預知的來生，才能眞正得到心靈的自由。

好像犯了錯的人，若能發自內心檢討反省並積極改過，不必等到死後再去悔悟，只需要再一步，便能踏入天堂之中。又如那些安貧樂道之人，其實他們不必等待來生，今生早已成就自己在「天堂」中享受人生了。

當然，描述自己眞實窘況的時候，不一定得反唇相譏，下次遇到諸如此類的問題，不妨像故事中的窮人，發揮自己的幽默感，給對方一個風趣的答案吧！

要扭轉他人看法，先改變自己的做法

面對別人的嘲笑，更要更努力彌補不足，只要能將嘲笑視為積極圖強的力量，很快地，就會聽見人們驚嘆肯定的聲音。

法官極其不悅地對著一名慣竊說：「你一再犯案，真是惡性不改啊！別告訴我，你又有什麼好的理由啊？」

小偷一聽，驚呼道：「法官大人，您真真是我的知音！我這一回真的是有不得已的苦衷啊！」然後嘆了口氣說：「唉，我上次出獄後，曾經接受兩次輸血，您知道嗎？那兩個輸血給我的人居然都是慣竊。」

小偷故作無辜地對著法官，法官大人聽了不禁搖頭。

笑看這名慣竊的理由，思考他所謂血液裡也有「習慣偷竊」的因子，我們簡單地轉念一想，卻也得出了一個不同的想法，那正是「習慣」的可怕！

壞習慣一步也跨不得，修正錯誤一步也不能停歇，因爲當人們對我們的「習慣」有了一定的印象後，想扭轉他們的觀感，將會是一個漫長且辛苦的等待！

換種說法，慣竊犯推說那是「別人的習慣」時，也代表著他並未好好看清自己的過錯。我們都知道一個人的意志全靠自己掌控，即使全身換血改造，也不可能取代你我的心志，更別提「輸血傳承」的因果關係。

從另一個角度想，當別人又再否定我們的時候，我們該做的不是反駁他們的否定，更不該只想著找藉口理由諉過，而是要認眞省思，爲什麼自己不管做什麼都會被懷疑，又爲什麼無論我們怎麼做，身邊的人依然否定的原因。

不想被否定，那麼我們就不該像下面這個女人一樣只知遮掩，而是要找出問題的癥結，並讓身邊人的相信：「我會很認眞地修正自己的錯誤，也會非常努力地補強自己的不足！」

瑪莎站在希臘神廟的廢墟前，對著朋友大聲呼喚：「誰來幫我拍張照？」

遠處一位朋友走了過來說：「我來吧！」

「你可千萬別把我的車子也拍攝入鏡啊！」瑪莎指著停在左手邊的車子。

「為什麼？」朋友不解的問。

「那樣的話，我老公肯定又會說這是我撞出來的。」瑪莎無奈地表示。

何必爲這樣的事感到無奈呢？車子一同入鏡又何妨？其實，擔心老公嘲笑否定，不如坦然地讓他知道自己確實技術不佳，請他教導開車的技術，好讓自己的開車技巧更加進步，這才是解決問題的根本之道啊！

旁人的「習慣認知」也許不容易改變，但只要我們有心改過，認眞修正，壞印象終能扭轉改變，換得人們的認同與肯定。

面對別人的嘲笑，更要更努力彌補不足，只要能將嘲笑視爲積極圖強的力量，很快地，就會聽見人們驚嘆肯定的聲音。

真心對人，才得人真心以對

要求別人付出的時候，請先想想你是否也願意付出吧！若不能主動張開雙手，又如何能得到他人的擁抱回應？

如果你是一個喜歡分享愛的人，一定認同這個道理：「愛人者人恆愛之，敬人者人恆敬之。」

這絕非陳舊的老話，而是永恆不變的眞理。

這社會一直都是公平的，不會有人只能一味地付出，而得不到回饋，所以別擔心你的付出得不到人們的善意回應，首先應該擔心的是，自己待人的心是否眞誠無愧？

佐藤家與青木家是多年的老鄰居，說他們感情好也不是，說他們感情不好又不大對，因為他們偶爾還是會互相「尋求幫助」。

好像這天，佐藤先生叫傭人去向青木家借錘子，傭人立即到青木家敲門：「您好，我們家的主人想向您借把錘子。」

「不知道你們要敲的釘子是鐵的，還是木頭的？」青木先生問。

傭人說：「是鐵釘子。」

一聽到是鐵釘子，青木先生便說：「鐵釘子啊！唉呀！那真不巧，我們家的鐵錘剛剛被別人借走了。」

借不到鐵錘，傭人只能空手而回，如實地把經過告訴佐藤先生。

佐藤先生聽完傭人的敘述，忍不住大聲嚷嚷：「什麼，真沒想到這世界上竟有這樣的吝嗇鬼！借個錘子，還要問釘子是鐵的還是木頭的，真是莫名其妙。哼！有鐵錘也捨不得借，好像被我一用就會壞掉一樣。」

「沒辦法，我只好拿自己的錘子來用了。」佐藤先生說著，便轉身從自己的工具箱裡拿出鐵錘。

傭人站在一旁，無言以對。

這是一則非常有趣的故事，兩家人看似是感情和睦的老鄰居，實際上卻同樣的自私自利。說得好聽是「互相幫忙」，結果卻是「相互利用」，雖然可說人之常情，卻仍讓人頗感心寒。

人與人之間的互動，原本就存在著一些利益需要，然而，像佐藤先生這樣一心只想著佔人便宜的心態，必定不是每個人都能接受。

親愛的朋友們，在要求別人付出的時候，請先想想你是否也願意付出吧！若不能主動張開雙手，又如何能得到他人的擁抱回應？

想看見人們以笑臉相迎，別忘了自己的美麗微笑，希望人們能以眞心對待，別忘了率先付出誠心。

用寬厚、幽默態度待人，必能得到肯定與回饋。

失戀是最好的成長試鍊

> 感覺不對了，就別再強求，學會放手，學會捨下，我們才能真正的打開心眼，去尋找真正屬於自己的伴侶。

你失戀了嗎？

若是，請認眞感受此刻心境，因爲聰明的人能從失戀的苦痛中，看清自己眞正想要的愛情樂園，並找出更合適的愛人方式。

有個失戀的人正愁眉苦臉地向朋友訴苦：「我愛的人拒絕了我的求婚。」

「沒什麼，我告訴你，女人的話有時候得從反面理解，她說不，有時候是意味著好。」朋友如此安慰他。

「可是，她沒說不啊！」失戀的人說。

「不然她說了什麼？」朋友問。

「她說『呸』。」失戀的人說。

絕妙的一聲「呸」，雖然狠心，但倒也簡單明瞭。這樣的感情結束其實也算是一個好的結果，至少男人不必繼續愁眉苦臉地等待女人的回應，更不必空自期待美好的結局。

既然對方不喜歡，那就再找下一個戀人吧！愛情的道路上不會只有一個選擇，眼前人若不是對的人，就別再癡纏了，不然會讓自己被困在愛情迷陣裡，遲遲找不到眞愛。

某間雜誌社正舉辦一場徵文活動，題目是：請以最短的文字，敘述你的一次戀愛經過。

不久，他們收到這樣一篇文章：「開始：心裡眼中只容得下一個她；過程中：

母親叫我向東，情人叫我向西，我必定選擇向西；結局：愛人結婚了，新郎不是我。」

曾經執著的唯一，曾經以爲只有對方才有全世界，漸進至失去了愛人的心，這轉折的確折磨人。但往好處想，若能從中看見自己眞正的需要，相信未來的路仍有更多美好。

新郎不是我，正代表著與這份情感無緣，若是勉強求愛，最終一樣會走到不得不分手的路。畢竟愛情不是單一方的事，如果不是兩情相悅，即使郎才女貌也無法看見幸福。

心是騙不了人的，或許騙得了別人，但肯定騙不了自己。感覺不對了，就別再強求，學會放手，學會捨下，我們才能眞正的打開心眼，去尋找眞正屬於自己的伴侶。即便他們的答案很傷你心，也請別再傷心，而以感恩心面對，並以幽默解嘲，因爲走出錯誤的愛情，會更懂得什麼才是眞愛。

不要讓自己的幽默太過火

輕鬆生活不代表可以隨性作為，幽默也不可過火，唯有能保有自己的真性誠心，才能期待良善社會環境的建立。

維護社會環境，雖然人人有責，但我們絕不能只要求別人付出，卻忘了自己盡一份心力。

在責問別人爲何不能爲我們著想時，別忘了要先想想自己，是否也時時刻刻都能關照別人的需要。希望能打造一個互動良好溫馨的人際社會，別忘了先從自己開始。

舍監來到宿舍視察，正巧碰見學生們在屋裡燒煤烤肉。

「天哪！窗戶和大門都沒打開，你們難道不知道這樣做很危險嗎？」舍監非常緊張地說。

「太危險了！滿屋子充滿二氧化炭，要是再沒有氧氣進來，你們可要送命了。」他接著又恐嚇道。

看著舍監滿臉驚恐神情，其中一位學生笑著回答：「放心啦！我們是植物系的，會吸二氧化炭，吐氧氣。」

學生們自以爲幽默地回應，卻無視於自身安全，從應答中我們不難看見他們責任心的不足，以及仍有待加強的生活態度。

一個無視自身安全的人，當然也不會顧及他人的安危，仔細想想，自己是否也抱持著相似的錯誤態度呢？

投機取巧容易，踏實難得，機巧雖然容易讓我們獲得成功，其中往往也存在著險境。

人生能走往對的道路並不容易，稍有偏失便墮險惡之林，正因爲如此，更要時

時提點自己正確的生活態度與嚴謹的人生方向。

輕鬆生活不代表可以隨性作爲，幽默也不可過火，唯有能保有自己的眞性誠心，時時提醒看見正念心性，如此，才能期待良善社會環境的建立。

心態決定事情的成敗

> 心態決定事情的成敗，處事只在態度，若不能嚴謹進行，不能以正確的態度對待，與其行動，不如不動。

工作成敗關乎態度，生活好壞也關乎態度。錯誤的態度常引人走進生活危機，也常帶著人跨入險境。

跨出腳步之前，請先檢視我們的決心，也請先檢視你我的態度是否認真。少了這些，想成功恐怕難如登天。

上級下了指示，要各省在某個期限內讓文盲消失，但是到了期限的前兩天，有個人卻急匆匆地跑到村長那兒，說他還不識字。

村長一聽急著跳腳，大罵道：「你說什麼？你會不會太過分了！不識字為什麼不早說？只剩兩天時間而已，你知道嗎？」

這個人解釋道：「對不起，因為我腦袋笨啊！」

村長說：「那你要我怎麼辦？現在已經一個文盲都沒有了，就只剩下你一個人，你真是搞破壞的！快快快，你快去找掃盲小組，求求他們幫助你，也許他們能在兩天內教會你一些字，讓你至少會一些字母。」

這個人聽了，搖頭說：「字母我早就認得了啊！每個人都只教我這個，我看了都頭疼。」

村長聽了，忍不住問：「什麼？那你會寫自己的名字嗎？」

「會啊！自己的名字我當然會寫！」這個人自信滿滿地說。

村長一聽，立即鬆了一口氣：「那沒事了，你回去吧！這樣也想當文盲？還不夠資格啦！我看你已經能教書了呢！」

這看似有趣的故事，實則能引得人深刻省思。

爲了迎合配合上級的目標，底下的人們努力地教人識字，然而最終結果，眞完成了嗎？

恐怕非但沒有，情況還變得更糟，因爲不正確的教育態度，不只給了人們錯誤的知識認知，還引導他們往向錯誤的方向思考。

在上者以草率的態度教育人民，還讓文盲者以爲會幾個字母就能教書，一代一代傳遞下去，結果會是何種情況？想必無須猜想便能預見。

心態決定事情的成敗，處事只在態度，若不能嚴謹進行，不能以正確的態度對待，與其行動，不如不動。

尊重別人等於尊重自己

學習尊重他人不難，而且相當必要。因為學會尊重他人，也等於學會了尊重保護自己的智慧和人格。

沒有人不希望時刻感受到別人的尊重，也沒有人喜歡自由與自主權被侵犯。

所以，在觀想自己不喜歡的情況時，別忘了替換到他人身上，因爲人同此心，心同此理，期望別人尊重我們之前，不能忘了自重。

有位美國太太正在英國旅行，這天她選擇搭火車前往目的地，由於在位子上坐太久了，便起身走進了一間吸煙室，心想：「那裡的空間比較大，應該比較舒服。」

然而，很不巧的，裡面有個英國紳士正在抽煙。

美國太太安靜地坐了一會兒，但坐越久便吸進越多的煙味，讓她的身體越來越覺得不舒服。為了阻止這位英國紳士繼續抽煙，她便開始故意打噴嚏和咳嗽，以示對煙味的厭惡與不適。

然而，不管這位美國太太的動作或聲音多大，英國紳士始終都未加理會，看起來根本不打算把煙斗放下。

最後，美國太太忍不住說話了：「先生，如果您是一位紳士的話，應當知道，在女士走進了這節車廂之後，您就應該把煙放下了。」

這位英國男子聽了，卻微笑道：「夫人，如果您是一位優雅夫人的話，也應當知道，當有位紳士坐在這裡抽煙的時候，您就不該再走進這節車廂了。」

你認爲誰的說法才正確？還是你覺得兩個人都不對？

答案當然見人見智，然而若從尊重別人的角度來思考，明知該處是吸煙間，卻偏偏選擇走進的夫人，其實是不對的。吸煙區是癮君子們唯一的去處，當然要尊重他們的使用權。

既知自己不喜歡煙味，何不退回到屬自己的地方呢？

不難發現，現實生活中許多人也會犯下同樣的錯誤，把侵犯他人的自由視爲理所當然，以爲這樣做並無傷大雅，實則已損害了自己與他人之間的情誼。

學習尊重他人不難，而且相當必要。因爲學會尊重他人，也等於學會了尊重保護自己的智慧和人格。這樣的人，當然較受歡迎。

08 別用情緒處理事情

幽默一點，別再用情緒解題，也別輕忽了態度的重要，因為這些都是人們評斷的重要依據，稍有偏差，便難得敬重與肯定。

欺騙，傷人又傷己

何必欺騙自己呢？凡事由多面切入思考，也聰明、幽默地進行多元省思，方能為自己找到最坦然誠實的美麗人生。

許多人喜歡用善意的謊言來幫人，但終究不是最好的選擇。

無論善意還是惡意，欺騙都會造成傷害，因爲目的必定是爲了遮掩一個可能被發現的事實眞相。眞相始終存在，我們從欺騙開始，便免不了擔心受怕。

驗票員來了，威爾遜先生這才發現自己忘了帶月票。

於是，他對驗票員說：「我絕不是故意要逃票，請看看我這張誠實的臉，這就是最好的證明。」

「那麻煩你把臉伸過來，因為我的職責是在車票上打孔！」驗票員答。

聽著驗票員幽默回答的同時，也讓人禁不住省思著，人難免會有出錯的時候，即使是無心之過也一樣是過錯。大可不必非得爭執、保證，因爲他人看見的是我們眼前所犯的錯，而不是過往的誠信表現。

所以，錯了就錯了，不懂就不懂，不知道就不知道，沒必要誇口知道或懂得。一時欺騙容易，但往後卻得面對或擔心眞相被揭開，並不輕鬆。

教授說：「今天，我要和大家講解『什麼是謊言』，關於這方面的問題，我已經在我的一本學術著作《論謊言》中，做了十分詳盡的介紹。」

說完之後，教授停頓了一下，跟著又提問：「有誰已經讀過我寫的這本書？有的請舉手。」

話一說完，許多學生都舉起手來。

只見教授微笑著說：「很好，很好，看來大家對於『什麼是謊言』都有著切身的體會，因為……」

說到這兒他停了一下，然後才說：「因為這本書根本還沒出版。」

聽見教授說書還沒出版，想必會讓那些舉手的學生羞愧不已。

何必欺騙自己呢？也許騙得了別人，但最終我們仍得面對心裡的愧疚，再想想，心底擱著這麼一個疙瘩，不辛苦嗎？

人生苦短，有太多東西值得我們學習與面對，每一件事都是累積智慧的關鍵，不容輕忽。

所以，凡事由多面切入思考，也聰明、幽默地進行多元省思，方能爲自己找到最坦然誠實的美麗人生。

設身處地思考，爭執自然減少

過分私心運用，很難有圓滿的結果，若能多替對方著想，自然不會聽見人們的埋怨否定，更不會老與人們產生心結或摩擦。

見天色已暗，英國紳士只好在這個旅遊勝地內唯一的一間賓館投宿。

「對不起，請給我一個好的房間。」紳士客氣地請求。

服務員看了看他，卻問：「你有事先訂房嗎？」

「沒有！」紳士說。

「那對不起，目前房間已經客滿了，無法安排。」服務員說。

紳士一聽，不悅地說：「真的沒房間了嗎？聽好了，如果我說，今晚總統臨時決定到這裡來住宿，你應該會馬上幫他準備一間客房吧？」

服務員點了點頭說：「那當然啦，他是總……」

服務員話還沒說完，紳士便插話說：「好！現在，我將非常榮幸地通知你一聲，總統今晚不會來了！所以，麻煩你把他的房間給我吧！」

這位紳士的思考邏輯真是敏捷又獨特。順著紳士的問題反思，服務生其實已透露出「仍有空房」的情況，不是嗎？

站在商人的立場，或許這預留的動作另有用意，但面對眼前較迫切需要的人來說，這樣的預留動作便顯得有些不近人情了。

商戰場上的規矩本來就因人而易，我們很難得出公正的法則，不過，下面這個例子頗值得我們認真思考。

村裡的婦人們正在活動中心開會，這會議已經進行了三個小時，看起來一時之間還沒法子結束。

這時，有位中年婦女忽然站了起來，然後轉身朝向門口走去，主席見狀，不悅地問：「安娜，妳要去哪裡？這會議還沒結束啊！」

安娜回頭望了望主席，也老大不高興地回答說：「我家裡有孩子呀！我得回家看一看他們。」

這理由是可以體諒，所以安娜便離開了。

之後，會議又進行了二十分鐘，這時又有位年輕的婦人站了起來。

「莎拉，妳要去哪裡啊？如果我沒記錯的話，妳家中可沒有孩子呀！」主席不滿地阻止。

莎拉先是點了點頭，然後淡淡地說：「主席，如果我一直坐在這兒，那我家又怎麼會有小孩呢？」

相似的「不近人情」，相似的爭取權利動作，男女主角都不直指對方的問題，而是轉個彎反駁，讓對方知道生活之中更迫切的問題核心，讓他們知道，不要只懂得照顧自己的權利，而忽略了別人的感受與需要。

走出故事，回想現實生活中的大小問題，類似的情況其實屢見不鮮，不少人和

主席或賓館人員一樣，只知照顧自己的需要和情緒，卻忽略甚至是剝奪了別人的利益。遇見這種狀況，就要靈活運用自己的幽默，就好像故事中莎拉的情況，開玩笑說要「回家生小孩」，也指出了會議冗長的問題，讓她浪費了不少能安排的時間？

其實，無論是經商交易或是一般人際互動，過分私心運用，很難有一個圓滿的結果，若能多替對方著想，多站在客人們的角度多作一點考量，自然不會聽見人們的埋怨否定，更不會老與人們產生心結或摩擦。

謙虛面對己過最讓人敬重

學會面對己過，學會承擔責任，一點也不難，更不會因此而折損我們的威嚴或自信。

看看世上那些偉大的人，從未汲營於自己的名和利，卻能得到人們長久的尊敬肯定，方法無他，正在於他們不只懂得謙卑低頭努力付出，更懂得謙虛表示自己的不足處。

此外，犯錯後，他們比我們更勇於面對，因爲深切知曉，唯有先看見自己過錯，才能更見未來的進步與人生的坦蕩。

截稿日在即，伯拉教授正忙著完成一篇學術報告。

「親愛的，我的筆放到哪兒去了？」他忽然著急地問道。

妻子冷冷回答：「親愛的，它現在不是正夾在你的耳朵上嗎？」

「耳朵？你沒看見我快忙死了嗎？妳能不能說得具體一點，筆究竟夾在哪一隻耳朵上啊？」教授再次著急地問。

妻子一聽，勃然大怒：「難道你的耳朵沒有感覺？」

看了這段小故事，想必引起女人不少同情，想想遇上這樣不可理喻的男人，還是一輩子的伴侶，誰忍受得了？

聰明的人都知道，把自己的責任往外推，不懂得負責，我們便難自在行走於人生旅途。下面這則故事，在幽默回應中隱含引人深刻省思的道理。

有位老紳士悠閒地駕車在路上兜風，但好心情並未維持太久，由於他誤闖單行道，很快地便被交通警察阻攔下來。

老紳士的車被警車圍住，逼得他不得不把速度降低，直到車子停下來。

交通警察上前問他：「知道我為什麼攔住你嗎？」

「那還用說，我是你唯一能追得上的車呀！」老紳士不滿地回答。

莞爾一笑後，將故事中老紳士的反應對照現實，想想那些經常犯錯的人，不是很像嗎？當遇上自找的意外災禍時，面對悲傷的結果，往往只想著別人的缺失，卻不思己過，反讓自己更陷困厄中。

許多人在面對自己的問題時，都會像老教授一樣，總好怪責別人，卻不思己過，明明是自己的疏失，偏偏要把別人也拖下來負責。

學會面對己過，學會承擔責任，一點也不難，更不會因此而折損我們的威嚴或自信。事實上，懂得承擔己責，面對錯誤懂得反省的人，必然能得人們更加的敬重與肯定。

找答案不如先找解決方法

一件事情當中存在著許多面向，答案從來都不是最重要，重要的是我們在尋找答案的過程中，是否用對了方法。

遇上問題，大多數人都只想著答案爲何，卻不知道積極思考解決方法，因而讓事情越來越複雜，越搞越麻煩。

事實上，想得一個答案不難，但能不能把問題解決又是另一回事，正因如此，聰明的人會想辦法讓結果走向自己希望的答案。

有位農夫在城郊附近買下一塊廉價的土地，為了能早日看見收成，簽約後，便馬上開著耕耘機到田裡工作。

然而，翻土的時候，卻從地底裡翻出了一顆門牙。

「怎麼會有牙？真倒楣！」對某些東西有些忌諱的他忍不住停下來，嘟噥了一句，然後才繼續向前。

前進一百公尺後，竟又讓他挖出了一顆牙齒。

「這真是莫名其妙！」農夫越來越覺得困惑，他再次遲疑了一下，接著安慰自己說：「也許是巧合。」

但是，當他再向前走大約三十公尺後，犁頭第三次從土裡翻出一顆牙。

「不對不對！這其中肯定有問題。」農夫越想越不對勁，氣憤地吼叫起來，立即把車子開回家，並去電要原來的地主說個分明。

電話中，他語氣極差地說：「這塊地是不是墳地？如果是，我要求您把錢立即還給我！我一點也不喜歡在鬼魂出沒的土地上工作生活！」

地主回答說：「先生，別生氣，也別擔心，事實上那裡原來是個足球場！」

這幽默的故事，引出了一個極重要的思維，那便是人們常犯的離題情況。

這地方原先是不是墳地，問問當地人便可得到最正確可靠的答案，但農夫並未這麼做，而是直接找地主要答案，我們都知道老王賣瓜、自賣自誇的道理，又怎能找到眞相呢？

至於地主，以低價隨便賣出，或許以爲用最快速度脫手就好，然而存在的事實始終存在，問題終有一天要被發現。

從兩位主角處理事情的方式，我們可以得到不少啓發，一件事情當中存在著許多面向，答案從來都不是最重要，重要的是我們在尋找答案的過程中，是否用對了方法。

其實，是足球場或墳場一點也不重要，重要的是這塊土地是否肥沃，又能否種出甜美豐碩的作物，不是嗎？

面對問題，別再離題了。以幽默心態看待，是墳場也好，是足球場也好，重要的是，只要能努力耕耘，終能爲自己換得一塊良田。

別用情緒處理事情

幽默一點，別再用情緒解題，也別輕忽了態度的重要，因為這些都是人們評斷的重要依據，稍有偏差，便難得敬重與肯定。

凡事不要有兩套標準，更不要用情緒去處理事情，因爲聰明人會看見當中的盲點，從中發現你我的不足。一旦被看穿，我們想再得到人們的信服，恐怕又將多費一番功夫。

收斂自己的情緒，遵守遊戲規則，往往是爲人處世的最好方式。

地理老師提了一個問題：「哪位同學知道，在什麼地方常見煙霧繚繞？」

只見小吉米立即舉手，說：「離我爸爸嘴邊不遠的地方。」

小吉米的誠實答案，想必逗得許多人會心一笑吧！離爸爸嘴邊不遠的地方，正是世上最常煙霧繚繞的地方，一點也沒有錯，不是嗎？

在討論了解當中的思維寓意之前，我們再看看下面這一例。

有個足球迷因沒買到票，只好爬球場外的電線桿上，觀看場內的足球賽。

然而，才剛爬上去看了一會兒，便見一位警察朝自己的方向走來，那球迷一看，連忙從電線桿上爬下來，不過警察卻示意他不用擔心，還擺擺手問道：「比數多少？」

「一比零，我們領先。」球迷回答。

只見警察微笑道：「好！你就在那兒看吧！小心別摔下來啦！」

說完，警察便轉身離開了，直到球賽即將結束前，才又走過來問：「現在幾比幾了？」

「一比二，客隊領先。」球迷在高處說。

想不到警察卻突然瞪大了眼睛，怒吼道：「什麼？那你還有心思在那裡看球賽？還不趕快給我下來！」

球迷聽了，急急忙忙爬下來，然而，就在他爬到一半的時候，球場內忽然響起如雷的鑼鼓與歡呼聲，警察一聽連忙又說：「快快快！你快點上去，去看看是誰進球了！」

警察的作爲，相信讓不少人在苦笑之餘搖頭嘆息。事實上，以自己的心情處理事情的人，經常在你我身邊出現。

生活中，常常是越小的事情，越引人深思。

好像第一則事例，我們總是就近以最熟悉的生活爲依歸，累積自己的生活經驗。再看第二則故事，我們大都習慣了以當下的情緒作爲處世的標準，然而正因爲太過自我直接，往往失了處世應有的智慧。

身教重於言教，許多道理就在日常生活之中，但我們常因爲一時的貪慾與執念而忘記遊戲規則的重要，一如第二則故事中的警察，爲了滿足自己的慾望而不執行職責，失望時又以情緒來解決，如何能得到人們的信服？

又如第一則故事，若是將來有一天小吉米也學起父親抽煙，身邊其他人想制止，恐怕也難以規勸。

幽默一點，別再用情緒解題，也別輕忽了態度的重要，因爲這些都是人們評斷的重要依據，稍有偏差，便難得敬重與肯定。

看見藏在腦海裡的卓越創意

規規矩矩地附和配合，乖乖地聽命遵從，對任何人都不會件好事，只會讓生活失去精采。

我們知道，老天爺賜與每個人的，都是一顆蘊含無限創意的腦袋，但會因爲使用者的不同而有著不同的功效成果。

不能好好開啓運用的人，當然得不出聰明智慧，反之，懂得充分利用開啓的人，時時刻刻都能放出驚人的創意光芒。

老師正在發作業，當發到貝利時，忍不住質問他：「我要你們寫一篇關於牛奶的作文，我記得曾要求你們一定要寫滿兩張紙，但是，貝利，你的作文為什麼才寫這麼幾行字呢？」

貝利大聲地回答說：「老師，因為這是一篇關於『濃縮牛奶』的文章啊！當然要簡短囉！」

因爲「濃縮」所以「文短」，說得還算有道理，但絕不可能被老師接受，畢竟在這個創意思考裡存在著一點偏差，若給予肯定，就怕心智尚未成熟的孩子會自此走錯路。

但與其擔心，不如用較正面的態度和孩子共思創意，好比下面這個例子，雖然仍有些偏差，卻是極富機智的創意發想。

上地理課時，老師要求學生們必須將地球儀帶來。

但有個名叫湯瑪士的學生沒有帶來，因此當其他同學認真地轉動著地球儀，尋找老師提問的地理位置時，他只能呆坐在自己的位子上。

老師看見他這個模樣，有些生氣，忍不住要考一考他，讓他出糗，於是喊道：

「湯瑪士，亞馬遜河在哪兒？」

湯瑪士低著頭，什麼話也沒說。

老師更加生氣地問他：「你為什麼沒帶地球儀來，又為什麼老是低著頭？你到底在看什麼？」

只見湯瑪士抬起頭說：「老師，其實我有帶地球儀來，它就在我的腳下，而我低頭是為了找出亞馬遜河的位子，問題是這個地球儀實在太大了，害我看不見亞馬遜河到底在哪兒。」

跟著湯瑪士一同想像正被你我踩在腳下的「大地球」，是不是也激起你的童心趣味呢？這個創意回答十分讓人激賞，有多少人曾想像到自己腳下的大地球儀呢？恐怕很少吧！

每個人都擁有一顆聰明的腦袋瓜，只是有些人懶得去動，有些人則正好相反，極活潑好動地運用，因而寫下一則則創意非凡的傳奇。

其實，不管是濃縮牛奶還是大地球儀，兩則幽默故事在在說明了你我的腦袋的潛力無窮。規規矩矩地附和配合，乖乖地聽命遵從，對任何人都不會件好事，只會讓生活失去精采。

多動動你的腦吧！別害怕說出來的創意讓人鄙夷，更別擔心內心浮現的想法讓人不屑一顧，對自己要有信心，相信世界一切都在我們的腳下手中，任誰也否定不了我們。

坦白生活，方能自在快活

> 我們終究得面對自己，走自己的路。因此，與其瞞騙自己，不如坦然地面對心底的過，也坦白地對著他人承認己錯。

修飾過的錯誤，看似得到了隱藏，事實上依然存在，不只無法消失，更沒有人能真正遮掩。

轉念再想，即使別人看不見，自己依然會看見。過著自欺欺人的日子裡，不覺得辛苦嗎？

小傑每次想向老師請教時，老是忘了尊稱一聲「您」。這天他又去找老師，並直說：「你能不能幫我……」

這一次老師臉色大變，生氣地說：「小傑，你怎麼老是忘了基本禮貌？你不知道向師長請教時，要用『您』來稱呼嗎？」

於是，老師罰他在練習本上寫五十遍「對老師要尊稱您」。

小傑乖乖地回到坐位上抄寫這段文字，抄寫完畢後，他便拿去給老師。老師看了非常高興，因為小傑一連寫了一百遍，於是微笑地說：「很好，你總算知道自己的不對了。」

「是的，所以我多抄了五十遍，希望『你』別生氣。」小傑說。

讀到最後，想必讓不少人會心一笑。以為抄寫就能解決一切，沒想到早已習慣成自然的小傑，根本不知道反省問題的核心。

想必老師會忍不住嘆氣，眞是孺子不可教也。接下來，我們不妨再看看下面這個例子。

語文課時，老師要求每個人在回家之前要完成一篇小品文，只見伯特卡坐在桌前，拚命地抓著頭，手上的筆卻一動也不動。

好朋友瓦西里見狀，忍不住問他：「你怎麼滿臉愁眉苦臉，一個字都沒寫？有什麼困難嗎？」

伯特卡嘆了口氣說：「唉，老師要我們寫這什麼題目！『昨天我做了什麼』，我該怎麼說才好呢？」

「那有什麼難的？你昨天都做了些什麼？」瓦西里問。

「喝酒。」伯特卡說。

「你太死心眼了，改一個詞不就行啦！比方當你要寫『喝酒』這個詞時，就改成『讀書』，照此寫下去就得了。」瓦西里說。

「對哦！」伯特卡頓時茅塞全開，拍手稱好。

轉眼，便見他完成了作品：「早上我一起床就讀了半本書，不過後想了想，我乾脆把後半本也讀完了。接著，我忽然又想讀書了，於是我便出門又買了一本書回來。就在回家的途中，我遇見了瓦西里，我一看見他的眼睛，就知道，他八成也讀了不少書！」

思考以上這兩則故事，當中問題其實是相同的，無論是「你」還是「喝酒」，都是常見的自欺與執迷。欺騙自己完成了別人的要求，但事實上一切不過是虛應故事，執迷不悟，毫無認眞省思。

進一步思索之後，你是否開始有了不同的領悟呢？

生活是爲自己，不是爲了別人，我們終究得面對自己，走自己的路。因此，與其瞞騙自己，不如坦然地面對心底的過，也坦白且幽默地對著他人承認己錯。能夠如此，我們才能看見眞正的進步。

享受付出，請先懂得給予

體貼地為對方多想一想，愛是互動的，單靠一方支持將是件極辛苦的事，道理和簡單的人際相處相同。

我們都習慣了等待別人的付出，特別是在情人的認知裡，總習慣把對方的付出視爲最佳的愛意表示。但，你眞覺得一味的付出是合理的嗎？

兩性相處虛虛實實，與其期待情人付出，不如率先眞心給予，聰明且積極地把握正捧在手心的愛。

年輕的妻子換了一套新衣服，然後轉身問丈夫：「你喜歡這件衣服嗎？」

「真難看！妳快去把它退掉吧！」丈夫說。

「是嗎？嗯，可是這已經不能退了耶！」妻子失望地說。

不過，轉眼卻見她眉開眼笑道：「這是我三年前買的衣服，不過，既然你不喜歡它，那你就快點陪我去挑件好看的吧！」

很寫實的畫面，女人和男人常因爲價值觀不同而起衝突，但是疼惜女人的男人大都選擇忍耐，或者以幽默態度應對，因爲知道再多計較一些些，兩個人恐怕要開始冷戰了。

反思另一方，雖說女爲悅己者容，女人們本就可以爲這個理由而用心打扮自己，但凡事也要量力而爲，多爲心愛的他著想。

再舉一例，看看有耐心的悲情好男人如何面對老婆大人的驚人消費力。

男人正在教他的好朋友馭妻術，「昨天，老婆說要買件皮大衣，一直跟我鬧個不停，最後我只說了一句話，她就不再囉嗦了。」

「哇！真厲害，你說了什麼啊？」好友問道。

「我說，妳買吧！」男人哀怨地回答。

很妙的一句「妳買吧」，智慧化解夫妻相處僵局，當中充滿了無奈也幽默的包容心境。當然我們依然可以相信，男人始終是愛著另一半的，若非如此，允諾的答案不可能說出口。

聽見這般體貼的應允，親愛的女人們，在渴望男人掏錢爲自己購買奢侈品同時，是否願意體貼地替他們多想一想呢？

愛是互動的，單靠一方支持將是件極辛苦的事，道理和簡單的人際相處相同。想被擁抱，只有一個人願意張手是不行的，必須另一個人也願意張開雙臂，才能完成整個動作。

別再一味地要求對方付出，因爲要多了總會要盡，等到那一天，才發現自己空有物質滿足，卻失去了愛的支柱，該有多令人遺憾啊！

09 用幽默將生活的框架突破

不想受困於「有限」的生活空間，便得讓自己擁有「無限」的心境與思考智慧，讓自己幽默一點。

多一分誠意，少一分對立

人的情感一旦出現了裂痕，便很難再密合，所以，我們常說冤家宜解不宜結，只要肯以誠意相待，終能等到對方卸下心結的時候。

有個男子點了一客牛排，這牛排肯定很美味，因為，不一會兒的工夫，鐵板上只剩最後一小塊牛肉了。

但是，就在他準備把最後一塊肉擺進嘴裡時，卻發現，在這塊牛肉的底下竟然有隻死蒼蠅。

「喂，你們這是怎麼搞的？」男子氣憤地對著身邊的服務生說。

只見服務生不慌不忙的低頭道歉，然後冷靜地說：「先生，恭禧您，您『中』了本餐廳再來一客牛排的大獎！」

讓人會心一笑的幽默回應，相信無論那男子氣再烈，多少也會被這句幽默的應答降低一些溫度吧！

想減少衝突，表現幽默的確是最佳的辦法，再者便是解決問題的誠意了，一如這位服務生的表現，沒有用任何藉口反駁，而是以一句幽默的話便讓人看見他們以客爲尊的態度。

試想，客人們聽見他們坦承疏失，還如此關照客人的情緒，這時候怎麼忍心再與他們計較？

是的，爲人處世必須時時關照別人的感受，而不是一味只想到自己，時間總有辦法化干戈爲玉帛，那就好像布朗太太和蘇西太太所遭遇的情況。

在布朗家的後院有個小菜園，那是布朗太太的秘密花園，每年春天時她都會在那裡頭種些蔬菜。

布朗太太非常用心經營這個小菜園，也經常跟孩子們說：「寶貝們，等到夏天的時候，我們就能吃到又新鮮又可口的蔬菜了，那是媽媽親手種的喔！」

菜苗一天一天長大，在布朗太太細心照顧下，園子裡的蔬菜長得十分漂亮，布朗太太也非常滿意的說：「太好了，再過幾天收成之後，大家就能吃到我親手種植的蔬菜了。」

沒想到就在她準備收成的那天，兒子忽然從屋外跑進廚房大嚷道：「媽咪，媽咪，您快來呀！蘇西太太的鴨子正在吃我們的菜啊！」

布朗太太一聽，連忙跑了出去，那情景卻讓她差點沒昏倒！

因為，菜園裡的菜統統被蘇西太太的鴨子吃光光了，這讓布朗太太傷心得哭了出來：「天哪！我的菜都沒了！」

蘇西太太聽見聲音也跑出來看，這才知道家裡的鴨子闖了大禍，她感到非常內疚：「對不起，布朗太太，我真的沒想到會發生這樣的事，對不起！」

但是再多的對不起也無法挽回已經發生的事，看著自家的鴨子，蘇西太太也只能恨恨地瞪牠一眼。

從此以後，兩家人的情誼因為這隻不懂事的「鴨子」而變了調，直到耶誕節的前二天……

蘇西太太叫孩子送一份禮物給鄰居布朗太太，上頭還附了一張字條寫著：「請好好享用您的蔬菜吧！」

你猜，這份「禮物」是什麼？

是的，裡頭包了一隻非常肥美的熟鴨子，牠正是夏天時吃掉布朗太太一整園蔬菜的那隻鴨。

看完了故事，不知道帶給你多少思考啓發？

就蘇西太太來說，千金難買鄰居情誼，鴨子闖禍之後的日子，對她來說是很辛苦的，但是想道歉卻又找不到好時機，想賠償，即使當下殺了鴨子也很難消弭兩個人心中的疙瘩呀！

那該怎麼辦？

很簡單，等待一個好的時機，以幽默與智慧化解隔閡，布朗太太自然願意和蘇西太太握手言和。於是，蘇西太太還在西方人最重要的分享愛的節日，向蘇西太太致歉，也幽默地以一隻肥鴨來讓她知道：「我和妳一樣，也很用心的把『菜』照顧長大！」

這是可愛的蘇西太太的解決辦法，你是否也學到了其中的技巧？

其實，人與人之間不是「應該」以和爲貴，而是每個人本來就「喜歡」與人和善相處，菜被吃光了還會再生長出來，但人的情感一旦出現了裂痕，便很難再密合。多一分誠意，便少一分對立，我們常說冤家宜解不宜結，只要肯以誠意相待，終能等到對方卸下心結的時候。

用幽默將生活的框架突破

不想受困於「有限」的生活空間，便得讓自己擁有「無限」的心境與思考智慧，讓自己幽默一點。

我們都習慣了把自己放在一個安全門裡，或爲自己畫一個框框，自我保護，然而站在這個門框中，你眞覺得安全嗎？

想讓心自由，就別把自己困在框框裡，因爲生命原本就充滿險途。請放心，你一定有足夠的能力避開危險，知道如何突破險境。

某大學在分配系所樓層時，將心理系與音樂系的教室安排在一起，這也使得心理系學生大感困擾，上課時都得關上窗戶，因為如果不這麼做，根本聽不清楚教授們的講課內容。

不過，如此安排也有一些好處，好比這天……

音樂教室裡正巧有位女同學在練習聲樂，時而尖銳高喊，時而淒厲哀嚎，與此同時，心理系教授正在為學生講解情感心理學。

他說：「喜劇和悲劇之間的距離，其實是很小的。」

「請問，這段距離有多小呢？」有位學生問道。

教授指著隔壁音樂系的教室，說：「大約十公尺。」

極有趣的比喻，想來學生們定能明白其中的差別，短短十公尺的距離，讓人明白了悲劇與喜劇之別。

由此可知，以幽默引導思路，往往能讓人有不同的學習和體悟。

下面這則故事，則是因爲職業病而帶出的有趣對話。

有一位數學教授在馬路上被一輛高速飛駛的汽車撞倒，肇事的司機不但沒有下車關心，還立即駕車逃逸。

交通警察很快便趕來了，詢問那輛汽車的車牌號碼，教授想了很久，然後說：「我只記得，就在被撞倒的那一剎那，我看到車子上有一個方程式，好像是xy減去517，最後的差是24……」

在這簡短的小故事中，我們看見了這位教授的框限。他與第一則故事的教授極不同，前者靈活運用了自己的思考聯想，讓學生得到更廣的思考延伸與啓發，反之，後者則只能在有限的思考框架下做出反應。

仔細想想，其中有什麼值得深省的部份？

生活要多一點靈活空間，因爲世間所有事物皆是多元呈現的。限制的產生，不是事物本身，而是我們每個人觀想與省悟的角度不同，因而得出了「有限」與「無限」之別。

所以，不想受困於「有限」的生活空間，便得讓自己擁有「無限」的心境與思考智慧。

萬事萬物皆在你我手中，十公尺之間何爲喜劇，何爲悲劇，抱持的態度不同，便可能有多種結果。

那看似安全的環境，正可能暗藏著某一種危機，看似冒險的道路，也許反而通往安全之門。

無論如何，都要試著讓自己幽默一點，千萬讓自己的心境困在某一個框架下。

鼓勵別人，等同於鼓勵自己

說真話雖然很好，但若是不能給人正面鼓勵，那還是別說，否則不只讓人傷心，還可能帶來負面效果。

肯定別人其實等於是肯定自己，因爲那代表著我們聰明識人，知道與他們相處互動的正確方法。

以正面積極的態度肯定他人，再以幽默態度展現包容，我們的心境必會帶動出積極的活力，進而讓你我的人生跟著也活潑躍動。

一心想當歌手的瑪麗亞，剛上完一堂聲樂課便急著問音樂老師：「老師，依您的專業來評估，我的聲音將來會不會有成就？」

「如果遇上火警，妳的聲音應該可以派上用場。」老師回答。

極爲諷刺的方式，雖坦白卻顯得太不厚道，畢竟人總是渴望受肯定與鼓勵。再說爲人師表，若不懂得給人鼓勵，又如何能教出作爲積極的學生？

人與人之間，要懂得聰明溝通，如此才能眞正解決問題，不至於把狀況搞得越來越複雜麻煩。

男人正在為一件事煩心，一個勁兒地抽煙，左手一支，右手一支，輪番地抽，轉眼便見煙灰缸裡出現十幾根煙蒂。

妻子看了，驚叫道：「天啊！難道你不能找個更有效的自殺方式嗎？」

丈夫已經夠焦慮了，妻子卻還酸溜溜地斥責嘲諷，試想，這樣的方式，有助於問題的解決嗎？

當然不會了，正想著煩心的事，耳邊傳來的卻不是安慰聲而是斥責聲，心亂耳

煩，任誰都會感到更加憤怒。

說眞話雖然很好，但若是不能給人正面鼓勵，那還是別說，否則不只讓人傷心，還可能帶來負面效果。

一如以上這兩則故事，自以爲幽默的否定，根本無法激勵人心，只會多添互動上的衝突與冷淡。

將心比心，如果你是瑪麗亞，願意繼續讓一個否定自己的人教唱嗎？

同理，丈夫已經很煩了，妻子還給他那般尖酸的回應，如此怎能增進夫妻之間的情感？

多爲別人想一想，好話不難說，多點鼓勵安慰並不麻煩。

人同此心，心同此理，學會給人鼓勵，我們也能獲得相同的鼓勵安慰。

多一點想像空間，生活更新鮮

給孩子多一點空間，其實也等於給我們自己多一點空間，讓彼此得以自由發揮生命最美、最真實的那一面。

很多時候，孩子比大人更懂得幽默。

與其把大人的思考方式強加於孩子的身上，不如學會尊重他們的思考，才能真正引導孩子走向正確的人生方向。

不妨多給孩子一些空間，特別是想像空間。少說「這樣不可以」，而多以鼓勵代替，給他們肯定，大方地說：「這麼想真的很棒！」

老師要學生們回家寫一篇作文，題目為「什麼是懶惰」。

作業收回後，老師很認真地批改，然而當他打開阿達的本子，卻看見第一頁是空白的，第二頁仍是空白的，一直翻到第三頁，才看見阿達寫下了這幾個字：「這就是懶惰！」

這眞是一個很妙的解答，要說他表達有誤卻也不對，因爲就創意來說，如此的表現方式，還眞應該給個滿分的，畢竟這般大膽靈活的表現還不是每個孩子都想像得到。

這又如下一個故事的主角小湯米，在偷懶取巧的背後，其實也表現了活潑另類的思考。

作文課上，老師要同學們寫一篇作文，題目是「我的狗」，並嚴格要求總字數不能少於一百二十個字。

小湯米想了一會兒，然後開始寫：「我家有一隻狗，名字叫波比。我很喜歡這隻狗，牠身體是黑色的，而頭頸則是白的。」

寫到這兒，小湯米停下筆，一字一字地數了數，發現字數還差很遠，忍不住皺了眉頭，心想：「哇！還差那麼多字，要寫什麼好呢？」

小湯米搔了搔頭皮，想了幾分鐘，然後才繼續寫：「我每天都會帶波比去公園裡散步，下雨時我就不帶牠出門了。」

寫到這兒，又算了算字數，發現還是不夠，他嘆了口氣，再寫道：「我常常幫波比洗澡，牠很喜歡洗澡，我也很喜歡幫牠洗澡。」

小湯米不斷地寫寫停停，但字數始終達不到老師的要求，這急得他直搔頭皮，一會兒看天花板，一會兒看黑板。

「波比很喜歡吃餅乾，所以我經常餵牠吃，可是，有時候家裡沒餅乾，我就不能餵牠了……」

小湯米絞盡腦汁，想把字數湊足，但寫到這兒，卻怎麼也想不出下文了，他只好停下筆，呆坐在位子上。

忽然間，腦子閃過一個念頭，只見他笑起來，然後提筆飛快地寫著：「當我想叫波比過來時，我就會喊道：『波比！』如果牠不來，我就再叫：『波比！波比！

波比！』如果牠還是不肯過來，我就用力地叫喊：『波比、波比、波比、波比……』」

寫到這裡，小湯米數了一下，似乎還差兩個字，於是他毫不猶豫地又加了一個「波比」，然後再次數了數總字數，正好一百二十個字，一字也不少。

只見小湯米用力吐出一口氣，然後吹著口哨把作文交給老師，開開心心地去操場玩遊戲了。

孩子的世界天真且寬廣，多叫幾聲「波比」雖然是爲了湊數，但那呼叫的畫面，不也讓整篇文章充滿了快樂的聲音和形象？

幽默，經常在日常生活中展現。

我們應當以不壓抑他人的想像爲準則，容許天馬行空的誇張想像畫面，因爲那正是引導啓發創意想像的極佳方法。

給孩子多一點空間，其實也等於給我們自己多一點空間，讓彼此得以自由發揮生命最美、最眞實的那一面。

所以，就讓孩子多叫幾聲「波比」吧！並試著用微笑和孩子討論他獨特的「懶惰」方式。

多以正面的態度和他們互動，未來，我們會從孩子的身上看見更具精采創意、充滿歡笑的新世界。

教育要靈活，學習才會寬闊

一味地跟從，或是態度不夠用心謹慎，自然會一再地誤入困境，甚至誤導他人走向錯誤的人生道路。

爲人師長的人，在給人方向時，記得思考要廣，不可只顧眼前，或一味地只會用舊思考模式教育他人。

教育別人前，要先測測自己的思考是否夠廣，又是否能接受他人的質疑與提問。能夠如此，才能激盪出最豐富的生活故事。

化學老師漢森在做實驗時，不小心被炸傷，學生們緊急送他到醫院治療，所幸搶救及時，很快地便轉危為安。

脫離險境之後，護士送他到普通病房安頓。

來到新的病房，裡頭已有一位病友，這位病人看見新病友進來，便關心地問漢森老師：「怎麼了？是被汽車撞傷的嗎？」

「不是。」漢森老師搖了搖頭，接著嘆了口氣說：「唉！這全得怪編印教科書的人，因為他們把元素符號印錯了。」

不能活用知識，卻怪責編輯者弄錯了，這豈是一個授業者應有的態度？

又好像下面這則故事，趣味的答案，提醒了活化思考的重要。

有位小朋友提了一個有趣的問題：「老師，我有個問題想請問您，電話是怎麼撥通的呀？」

老師說：「這麼說吧！當你看到電話線時，你可以立刻與一條尾巴很長的獵犬聯想在一起，你拍拍牠的屁股，牠當然就叫了。」

「那無線電話呢？它又沒有尾巴，怎麼會叫？」小朋友不解地問。

「道理一樣，我們不過是換了一隻沒有尾巴的獵犬啊！」老師說。

沒了尾巴如何能叫呢？顯而可見，這解釋並不是個好例子。

教育是門大學問，不能隨便舉例解答，因爲孩子們活潑逗趣的思考想像，經常會想到你我沒有意識到的問題。與其隨意舉例，不如好好地以科學角度解說，更能引起孩子們的學習興趣，啟動他們的好奇心。

我們都知道，思考若不能活化，只一味地跟從跟風，半點也無助於進步與學習成長，就像第一則故事，只懂照本宣科，卻不知道科學實驗中「懷疑」和「謹慎」的重要，當然會誤觸意外。

思考與態度要靈活，我們的生命才會精采。一味地跟從，或是態度不夠用心謹慎，自然會一再地誤入困境，甚至誤導他人走向錯誤的人生道路。

用幽默的方式表達自己的意思

幽默的表達方式不是只為了找出答案，更富含了我們的生活態度。活絡自身的思考智慧，才能得到趣味的人生。

多聽聽別人怎麼說，多看看自己怎麼想，生活重在思考與活化。只要我們能經常動腦，即使思路誇張得讓人無法置信也無妨，因爲當中必能引出其他智慧巧思。

尊重別人的思考邏輯，也應多肯定自己的思考道理，只要一切目的是朝向正面積極的意義，任何想法都有獨特價值。

老師指著某個學生說：「來，你舉一個文盲的實例，說說怎樣叫文盲。」

同學想了想，說：「嗯，比方說，如果蒼蠅不是文盲的話，牠就不會一再地飛向那些明明寫了『滅蠅』字樣的膠紙上了。」

雖然有些亂掰硬湊，但這答案的思考其實也算有理，正因爲牠們讀不懂文字，所以一再地誤入陷阱。那麼，擁有學習文字語言能力的我們，是否懂得更積極珍惜這一切，更加努力呢？

例舉要能讓人明白，才能得到事半功倍的效果，好像下面這位教授的創意舉例，不只幽默有趣，且讓人一聽便懂。

一位富有幽默感、精通印刷的教授，為了使學生瞭解「鉛印」和「影印」這兩種基本印刷方式的不同，特別做了一個簡單的示範。

他先請班上一位女學生到講台前面，然後對她說：「同學，麻煩妳在唇上塗口紅，然後親吻我。」

女同學依言配合，接著，教授指著臉上的紅色唇印，說：「嗯，同學們，這就

是鉛印。」

接下來，他從口袋拿出一條白色手帕，將臉上的唇印轉印上。

「你們看，這就是影印。其實與鉛印的效果差不多，不過很顯然的，過程乏味多了。」教授笑著解說。

轉個彎思考，我們想讓人明白道理，想避免溝通有礙，便要懂得聰明幽默地舉例，讓他人清楚明白你想表達的意思，如此不只有助於搭起彼此間的溝通橋樑，更能避開使我們擔心的溝通誤會。

再更進一步思考，影印就像人與人之間的溝通，一味地轉印，最後必會印不出清楚的圖片文字，此時若是不能確實將問題找出修正，便會造成錯誤，帶來不必要的傷害。

所以，幽默的表達方式不是只爲了找出答案，更富含了我們的生活態度。活絡自身的思考智慧，才能得到趣味的人生。

別被錯誤示範扭曲了價值判斷

在完全還不懂什麼是對與錯的童心世界，大人們錯誤的示範，很容易誤導孩子的價值判斷。

別再用現實世界的虛華與複雜作爲教育素材了，相信這些也不是我們所喜歡、樂見的。我們都知道，爲孩子建立正確的生命態度，更重於告訴他們如何爭得成功地位。

好的生活態度才能帶出成功的腳步，有好的生命觀念，才會看見眞正充實富足的人生畫面，孩子們眞正需要的，正是這些。

一位態度高傲的母親對老師說：「我的孩子真是個天才，我總覺得他有許多獨特的想法，不知道老師是否也這麼認為？」

「的確，特別是當他該靜下心默寫生字的時候。」老師說。

每個家長都會以子女爲傲，這原本是件好事，但若是像故事中的媽媽，只挑孩子好的一面，卻無心發現尚有不足的地方，便不太妙了。

畢竟一個只懂溺寵寶貝的父母，很容易讓孩子看不見自己的缺點，也容易爲孩子建立起錯誤的價值觀念。

家教關乎父母的教育態度，一如下面這則故事，天眞的童言童語背後，其實存在著可怕的教育危機。

數學老師對學生說：「假如桌上有三杯酒，我請你們的父親喝一杯，那麼還剩幾杯？」

其中有個小朋友馬上答：「一杯也不剩。」

老師搖了搖頭，說：「不對不對，你沒有聽懂題目嗎？我再說一遍，桌上有三杯酒，我請你父親喝一杯，還剩幾杯？」

只見孩子滿臉無辜地說：「真的一杯也不剩嘛！」

老師搖了搖頭，嘆道：「唉！你懂得我在說什麼嗎？」

小朋友天真地回答：「老師，是你不懂我爸爸啦！你知道嗎？只要他看見桌上有酒，絕對是一杯也不會放過的。」

孩子天眞地說出父親貪戀杯中物的實況，深刻表現了家庭教育的重要性。家中一切人事物皆是孩子學習成長的榜樣，在完全還不懂什麼是對與錯的童心世界，大人們錯誤的示範，很容易誤導孩子的價值判斷。

以上兩則故事中的孩子爲例，在母親一味地認爲兒子是天才的寵溺中，在好酒父親的教育下，前者容易培養出自以爲是的態度，後者則很容易教出同樣偏好杯中物的孩子。

家庭是培育孩子心智最重要的環境，而心智的長成必須靠父母親的苦心培育，稍有偏差，孩子也會點滴累積。

這些孩子日後想獨立時，若是沒有正確的人生態度與生活觀念輔助，將不只容易遇上挫折，跌倒後更可能不懂如何再站立起來。

給孩子富足的物質，驕傲的自信，不如幽默地教導他們學會謙卑，保持嚴謹的生活態度。

如此，才能眞正盼到與孩子共享成功驕傲的時刻。

真正用心，友情才能繼續

想得到人們的友善回應，不是用計交換，而是要用心交往。如此，彼此間的情誼才能真正地長久、穩固。

人際互動若少了真心誠意，再有助益的拍檔也無法幫助我們獲得成功。當彼此的心裡各具私心或別有居心，表面看來合拍的隊友也必將在關鍵時刻露出自己心中的利己企圖，使成功的腳步無法繼續。

一位電影明星坐在一家飯店的前廳，這時忽然有個陌生人走到他的面前，然後莫名其妙地對著他大罵起來。

明星安安靜靜地看著他，並沒有做出任何反應或動作，任憑這個人怎麼侮辱，他都微笑以對。

想不到，旁觀人群中，突然有兩位女影迷走了出來，她們不僅痛斥那個陌生人，爭吵到最後，甚至還動手打了對方，那個人受不了兩個人的夾擊，只好匆匆逃離現場。

明星見危機解除，還是自己的影迷熱情幫助，於是上前致謝，對著其中一位女影迷說：「妳真的用這隻美麗的小手打了那人一個耳光嗎？」

「是的。」女影迷神情得意地回答。

這位明星竟牽起她的手，在她的手背上深深地親吻一下。

另一位女影迷見狀，連忙說：「我可是用嘴狠狠地咬了他一口呢！」

爲了能贏得偶像的青睞，爲了爭取到親近偶像的機會，女影迷可是用盡心機以迎合對方的心。

類似心計，其實不只存在於影迷與偶像之間的互動，在你我現實生活中，也不難看見，好像下面這個例子。

法朗士為自己的一隻手做了一個模型，然後將模型手放在辦公桌上。

有一天，有位客人來拜訪他，一眼看見桌上的模型，便驚訝地問：「先生，這是您的手的模型嗎？」

「是的。」法朗士微笑地說。

「天哪！就我來看，這隻手簡直跟雨果的手長得一模一樣啊！這可是天才的象徵哪！」

「怎麼說？」法朗士好奇地問。

「您看，您的中指的指尖這地方很像，您再看看這裡，有一點點凹進去的地方……」客人誇張地比劃著。

法朗士一聽，大笑著說：「那是我受傷後留下的疤痕啦！」

客人誇張地誇讚法朗士的模型手，行爲想必讓不少人嗤之以鼻。

天才之手與尋常人的手，眞有差別？

當然沒有，一切只是馬屁。

爲了迎合想巴結的對象，有些人總是愛用心機，巧言令色企圖換得對方的信任與喜愛，然而得到了一時恩寵又如何？

大多數人正因爲馬屁拍過頭，最終反而讓自己錯失機會。

想得到人們的友善回應，不是用計交換，而是要用心交往。如此，彼此間的情誼才能眞正地長久、穩固。

至於面對他人處心積慮的巴結，且讓我們一笑以對。

10 幽默看待，才會自在愉快

不想心情老是蒙上憂愁，多學會放下工作的煩悶壓力吧！認真且幽默地看待一切，你我才可能擁有自在愉快的人生。

學會聆聽，尊重不同的聲音

人跟人之間本來就有許多溝通意見的時候，學會尊重別人的說法，才能在起爭執時，及時緩和情緒，然後攜手共創夢想的和諧世界。

支持素食的人說：「我是個素食主義者，我認為宰殺動物是非常野蠻的行為，所有肉食主義者根本都是野蠻人。」

肉食主義者則頗不以為然地說：「是嗎？那你不覺得你們也很殘忍嗎？仔細想想，吃素的人不是都在跟動物們搶奪食物嗎？」

到底吃素好，還是懂得享受人間美食才正確，向來都是公說公有理、婆說婆有理的爭論，其實像這類爭執的起因只有一個，那便是說話的人只站在自己的角度思考，不會站到別人的角度去看事情。正是因爲這樣的「對立」，以致於讓人們越鬥越偏激，完全走不到能有共識交集的時候。

想想，兩個人爭得面紅耳赤，眞能覺得有快感的人恐怕不多吧！又何必非得要對方接受並照著自己的意思走呢？

無論如何，我們要能聰明聽話，也要能機智解題，只要本意是好的，都是好的對話，一如下面這兩位大師的對話。

前蘇聯的斯坦尼斯拉夫斯基和德國的布萊希特，是當代著名的實力派表演者，雖然名氣不相上下，但兩個人卻有著差異極大的戲劇觀和表演特色。

據傳，義大利有個專演反派人物的著名演員，曾在莎士比亞的名劇《奧賽羅》裡扮演一個大壞蛋，由於演技逼真到了極點，有一位觀眾因太過入戲，竟當場舉槍將這名演員槍殺在舞台上。

這名演員的戲迷不少，人們為了悼念這位演員，特地集資幫他建造了一座非常華麗的墳墓。

有一天，斯坦尼斯拉夫斯基來到這座城市訪問，當他來到這個演員的墓地悼念時，還為死者另豎了一塊碑，上面刻著：「某某某，世上最好演員之墓。」

過了幾年，大師布萊希特也到此一遊，聽完人們解釋墓中死者致死的原因後，卻認為該名演員不是個好演員！

「因為，他沒有藉由表演來批判那個角色，反而讓觀眾們著了迷，失了理智，這怎麼是個好演員呢？」布萊希特說。

之後，他也在斯坦尼斯拉夫基的碑旁另立了一個碑，上面則這麼刻寫：「某某某，世界最差演員之墓。」

這便是兩大戲劇名人在現實生活中最眞實的「對台戲」！

兩位大師的立碑因爲切入的角度不同，也因爲對工作的態度不同，所以我們會看兩種不同的評語。其中，並沒有對錯之分，有的只是不同人在處世態度上的不同罷了。

我們也許可以從他們兩人立的碑來判斷，斯坦尼斯拉夫斯基應是個樂觀開朗的人，在觀看所有人事物的時候，總習慣以「正面」的角度去思考，所以願意給這名無辜犧牲的演員一個肯定。

至於希萊希特，想必是個極其嚴肅的人，考慮事情總是帶點鑽牛角尖的態度，所以會覺得這演員若能聰明表現，便不至於無辜喪命。

其實，無論是好聽的讚美詞，還是難聽的責備話，兩個人立碑的動作，都同樣表現了對該名演員的惋惜！

換個角度說，不要老把不同的意見視爲必然的「對立」，甚至相信「爭執」必因此而起，人跟人之間本來就有許多溝通意見的時候，多一點不同想法分享，並學會尊重別人的說法，才能在起爭執時，及時緩和情緒，也聰明退讓一步，懂得互相以尊重爲基礎，然後攜手共創夢想的和諧世界。

你的念頭決定你的生活

許多事都只是一個念頭轉動變化，希望有什麼樣的生活，便得讓自己朝什麼樣的思考方向。心思幽默，生活必定更快活。

心念轉動何方，便意味著未來我們得由那兒尋找收穫。

如果我們的心念朝著悲觀的方向，未來自然會得悲哀的結果，反之，往樂觀的方向前進，你我的未來世界便能得樂觀希望的結果。

所以，我們應該時時保持警覺，更要多惕勵自己的心，朝向正念，進行樂觀思考。如此，最終定能得到圓滿豐收的好結果。

一名哲學系教授對學生們說：「一個傻瓜提出的問題，常常連十個聰明人也回答不出來。」

其中一位學生聽了，忍不住嘆氣：「唉！難怪我考試老是不及格。」

這名學生的反應，想必讓不少人莞爾一笑，回應當中不乏幽默嘲諷的寓意，只是到底是諷刺教授的思考邏輯，還是自我解嘲，恐怕得看聽者此刻心境爲何，各做不同解讀了。

這是一則充滿哲思的小對話，想分別聰明、傻瓜，還眞不容易說出答案，正如樂觀、悲觀之分，不過只是一個轉念。

教授問學生：「誰能說出樂觀主義者與悲觀主義者的區別？」

學生說：「我知道，當兩個人共飲一瓶酒，喝到只剩一半時，樂觀主義的人會說『還有半瓶』，悲觀主義的人則會說『半瓶完了』。」

酒倒一半，對你來說，是「還有半瓶」，還是「只剩半瓶」呢？

生活中，許多事都只是一個念頭轉動變化，而得到的結果是好或壞，是否爲自身所預期或希望，端看抱持的念頭如何轉動，又轉向何方。

一如第二則故事中樂觀者、悲觀者的觀想態度，看似尋常的一念之差，實則深深地影響著未來。

由此延伸思考，你經常感到傷心難過嗎？你經常覺得這天地人事都對不起你嗎？或者，你總是感覺快樂開心，覺得能活在這個世界是件好事，滿心充滿著幸福感謝呢？

別問天地鬼神能給自己什麼，而要自問，我能給自己什麼？一如第二則故事中的宗旨，我們應當明白，思考轉動由人，希望有什麼樣的生活，便得讓自己朝什麼樣的思考方向。

心思幽默，生活必定更快活。

心富足便等於坐擁萬貫財富

世上沒有真正醜惡的東西，只有人心陰暗面帶出的醜貌，這正應驗了相由心生的道理。

心靈充實的人，明白財富與富貴氣勢的虛假，也很清楚謙虛待人最引人著迷。想坐擁萬貫財富嗎？只要心充實富足，自然能成最富有的人。

正被金錢困住的人，其實眞正需要的不是利名，而是要尋求方法填滿心中的空虛，讓精神富足，心靈滿足。

在某個晚會上，有位貴婦正在誇耀自己的富有：「我經常用溫水清洗我的鑽石，用紅葡萄酒清洗我的紅寶石，用白蘭地清洗我的綠寶石，再用鮮乳清洗我的藍寶石。」

這時，坐在她身旁的老婦人說：「這麼麻煩啊！我從來都不清洗的。」貴婦好奇地問：「不然妳會怎麼處理？」

「很簡單，只要它們稍微沾了灰塵，我就隨手扔掉啦！」老貴婦說。

聽見兩個人競爭誇耀家財，不知道帶給你什麼樣的感受想法？從細心清洗到直接扔掉，顯示的不是貴婦們的傲人財富，而是她們心靈的貧瘠空乏啊！

以下，再舉一例。

有位貴婦優雅地走進一家帽子店，老闆見客人進門，連忙帶著微笑迎接：「早安，夫人。」

「早安！我想請問，櫥窗那兒有一頂鑲有紅花藍葉的帽子，不知道能不能請您把它取下來？」

老闆點頭說：「好的，夫人，我很樂意為您效勞。」

客人有所要求，當然要立即配合，如此才是經商之道。雖然不少女人很麻煩，總是要看了很多頂帽子之後才能決定，有些時候還不一定會買，讓老闆疲於應付，但他仍不忘自我安慰：「要有耐心，這頂帽子放在櫥窗那麼很久了，我今天一定要把它賣了才行！」

老闆拿著帽子，恭恭敬敬地送到貴婦的面前，然後問道：「夫人，您想把帽子放在盒子裡，還是戴著走呢？」

「買？我一點也不想買它啊！我只希望你能把那頂帽子從櫥窗裡拿下來。我每天經過你的商店都會看見這頂醜陋的東西，實在很不舒服，所以想麻煩你把它拿走，放在我不會看見的地方。」

聽見貴婦很不客氣地要求老闆拿下帽子，不知道是讓你感覺荒唐滑稽，還是有些哭笑不得？

世上沒有眞正醜惡的東西，只有人心陰暗面帶出的醜貌，這正應驗了相由心生的道理。我們觀人事美醜，從來關乎自己的心，觀人事美，是因爲我們心態美，觀人事醜，當然因爲自己正心現醜惡的觀想，更因爲不能以寬容慈愛的心看待所致。

所以，想時時刻刻看見美麗，別忘了讓心時刻保有美善，也讓心情隨時保持輕鬆愉快。

財富僅能存於一時，每個人心中應當存有的，當是謙卑踏實的心思。懂得這個道理，即使素顏出現，人們也會看見你我臉上掛著滿心富足的美麗容顏。

幽默看待，才會自在愉快

不想心情老是蒙上憂愁，多學會放下工作的煩悶壓力吧！認真且幽默地看待一切，你我才可能擁有自在愉快的人生。

身體之所以會有病痛，許多醫生都說是人們的壞習慣造成。仔細想想，你是否在做某些事情或工作時，常有煩悶的感受？如果答案是肯定的，那便代表著你的某些習慣已經累積出疾病了，若不想造成可怕的病痛，請立即找出問題的根源，並積極改進修正，才能在最短時間找回健康的身心。

小亞對愛抽煙的小李說：「知道嗎？香煙的一端是火。」

小李毫不在意地問：「哦！那另一端呢？」

「另一端有個想自殺的笨蛋！」小亞冷冷地答。

你是想自殺的笨蛋嗎？

雖然說癮君子已然成癮，要改變並不容易，但還是應該爲自己多想想，畢竟生活中有許多壞習慣，最終會帶來可怕的病痛，而那最後要面臨痛苦折磨的人，正是自己。

因慣性而產生的問題很多，好像下面這個職業病症。

有個體形壯碩的男人因為長期失眠，到醫院請求診治。

「醫生，我最近很難入眠。」男子說。

醫生微笑地說：「放心，這不難解決，來，我先了解你的身體狀況。」

仔細地詢問病人的情況後，醫生說：「不用擔心，你只是有點輕微的神經衰弱，現在我教你一個方法，當你躺到床上以後，就開始默唸數字，從一數到十，反覆唸它，慢慢地你就會睡著了。注意，要堅持下去哦！」

然而，一個星期後，這男子又到醫院來了，且情況顯得比上次來時更糟。醫生吃驚地問他：「怎麼會這樣？你有沒有照我的話去做？」

病人用力地點頭，說：「有啊！我可是非常努力地執行，每天晚上一躺到床上，就不斷地從一數到十，可是只要一數到八，我就會忽然跳起來。」

醫生不解地問：「為什麼？」

「因為我的職業是拳擊手啊！」男子口氣哀怨地回答。

因爲慣性，也因爲壓力，讓故事中的男子遇見熟悉的「數字」便跳起來，連丁點放鬆機會也沒有。

從中延伸，思考生活中的各種壓力，我們常覺得一切已是習慣，應當不會影響自己的生活腳步或思考感受，然而一如上兩則故事的寓意，實際上正不自覺地帶著自己走進險境而不自知。

如果你渴望走出束縛與危機，請從現在起時刻檢視生活狀況，時刻省思自己的心境，並讓自己與幽默靠近。

聰明如你，想活得健康快樂，還是少抽根煙吧！不想心情老是蒙上憂愁，多學會放下工作的煩悶壓力吧！

認眞且幽默地看待一切，你我才可能擁有自在愉快的人生。

把聰明機智用在正確的道路

若空有聰明機智卻不能用於正確的道路，總有一日會懊悔曾經走過的錯路。

人生在世，別爲一時的巧計應驗而開心，更不要因爲一時的成功投機而放心。別忘了，一切只存在於那一時一刻，世界仍繼續變動、轉變，投機者終會因爲踏得不實而跟不上變動，甚至失足跌落。

唯有眞心誠意、幽默包容的態度，才能讓我們踩著自信踏實的腳步前進，無論世界如何變動，始終都能以絕對的信心克服困境，繼續向前。

一位老闆在甄選公司未來的會計師時，出了一道最基本的問題，題目是：「兩百萬加兩百萬等於多少？」

前面兩個面試者都毫不猶豫地說：「四百萬。」

結果，這兩人都沒得到工作。

當商人詢問第三名面試者時，只見對方立即站起來，把門關上並拉上窗簾，然後靠在桌邊，小聲地問老闆：「你希望它等於多少？」

商人聽了，微笑點頭，最後便由這位聰明的仁兄拿到工作機會。

要說面試者聰明，還是機巧呢？不同的角度得出不同的結論，畢竟在商言商，爲得工作機會，總是需要用一點巧智爭取，然而這是否爲正確的經商之道，有著極大的省思與爭議空間。

以下還有一則相似的幽默故事，一笑之餘，或許可供我們串連，深省經商處世的道理。

這天，藝廊主人正在招考新進員工，問眼前求職者的第一個問題是：「你有工作經驗嗎？」

「有。」求職者老實回答。

「那麼，如果我們不小心打碎了一個非常貴重的花瓶，你會怎麼處理？」藝廊主人問。

求職者想了片刻，然後回答：「我會把碎片重新黏好，然後耐心等待一位有錢的顧客光臨，跟著，我把它放在一個恰當的地方，以便……」

說到這裡他停頓了一下，然後才小聲地說：「以便讓故事重演。」

老闆聽了，微笑點頭：「好，你明天開始上班吧！」

在商言商，一切以自身利益爲最終考量原本無可厚非，然則若失了誠信與正念，如此經營心態，恐怕存在著極大的隱憂。

此外，就求職者來說，以這種巧智爭得工作機會，從另一個角度來思考，其實並不見得是好事。

畢竟，一切以利爲重的老闆，想來對員工也不會用眞心對待。

這世界是很現實的，不能誠實對待事業的經營者，自然在待人處世上也不會付出眞心，在這樣的工作環境下，應當沒有多少人能夠眞正久待。

聰明機智的人當然比較受歡迎，也比較容易找到出路，但從另一個角度省思，生活處處都有良機，若空有聰明機智卻不能用於正確的道路，時光終將虛度，總有一日會懊悔曾經走過的錯路。

保持最真實的自己

> 不忘本我、不忘記真實感受的人，將不會有迷失的時候，因為無論世界如何變動，他始終保有最真實的自己。

其實，每個人的內心都保有一個最眞實的自己，只是爲了應付這個複雜的世界，不得不把最眞的自己鎖在閣樓裡。

然而這樣困鎖住本性，最終必會讓人變得越來越不開心。

放輕鬆些，打開自己的心門吧！若不能遵照自己的本心前進，生活又有什麼樂趣可言？

自然老師正在為學生們講解各種昆蟲的特性，當他講到有一種小蟲子的壽命只有一天時，台下幾個孩子立刻開始竊竊私語。

老師馬上點名：「巴爾，你想說什麼呢？能不能和同學們分享？」

「老師，我覺得那種小蟲很幸運！」小巴爾朗聲說。

「為什麼？」老師不解地問。

「因為牠的一生都在過生日啊！」小巴爾天真地說。

多可愛的童言童語，如果你是老師，會怎麼回答？

在想像自己的答案時，我們再來看看以下另一則可愛的故事。

今天是拉吉卡第一次上游泳課，游了一小時之後，小拉吉卡忽然說：「教練，我今天能不能練到這裡就好？」

教練不解地問：「為什麼？」

「因為我已經喝不下去了。」小拉吉卡神情痛苦道。

多妙的一個「喝不下」，在孩子的思考世界裡，只有一個真字，他們坦誠地面對自己的感受，也坦誠的地對人們表達心中所想。

如此真誠的心思，正是大人世界所缺乏的。

又像下面這則故事，當多數人只懂掩飾心中矯詐時，孩子們依舊天真地表達本我心性。

上自然課時，老師問學生們：「誰知道蘋果在什麼時候採收最好？」

有個學生很快地舉手，回答：「我知道！我知道！在農場主人把狗鎖起來的時候最好。」

他一說畢，教室內立即響起哄堂大笑。

無論是對小昆蟲天天都能過生日的羨慕，還是坦白已經喝不下池水，又或是誠實分享心中的取巧念頭，純真童心都是成人世界偽作與矯情的對照。

很多時候，我們總是希望能得到聰明的答案，然而看似聰明的答案，往往存在著虛情假意的應付。

爲了能得到人們一時的掌聲，滿足虛華感受，有些人寧可放棄自己迎合他人，終至越來越迷失，失去個人獨特性。

一時的風光僅存在於一時，一旦放棄自己的本心，很快便會陷入可怕的困境中，漸至失去生命的方向。

想讓自己更幽默，學學孩子們的童眞純心吧！一個時時不忘本我、不忘記眞實感受的人，將不會有迷失的時候，因爲無論世界如何變動，他始終保有最眞實的自己。如此，他會懂得累積保有自我生命的獨特性，並時時刻刻以最眞實、幽默的面貌，贏得人們最誠心的掌聲與鼓勵。

活得開心比較重要

不要讓小事困住，生命轉瞬消失，唯有抱持正確的態度與生活習慣，才能真正的擁有美麗人生。

對你來說，是健康重要，還是名利比較重要？是生活得開心快樂重要，還是聽見他人的掌聲重要？

世間人常爲了追求一些可有可無的事物，而讓自己深陷原可避免的困境中，令人遺憾。聰明人都知道，名利不能長久，多數人聽後便忘，又何必爲了這些東西困住自己？

有位長壽的醫學教授臨終時，對身邊的醫生朋友們說：「我想告訴你們，我心目中三位最偉大醫生的名字。」

在場的所有醫生聽了，無不期盼這三個名字之中，能有自己。只見這位老教授緩緩地說：「這三位偉大的醫生，正是水、運動，和正常的飲食。」

很棒的答案，不是嗎？

所謂的健康生命正是如此——水、運動和正常的飲食生活，少了這些元素，就算讓我們多得一分虛名，多得一點財富，也沒有任何意義。

凡事皆有正面意義，只要不偏取負面的方向，生活自然得見成功的掌聲，一如下面這則故事。

十九世紀後期，在美國眾多的遊樂場中，菲尼斯．泰勒．巴納姆經營得最為成功。巴納姆憑著天才般的想像力與活力，將遊客的注意力吸納過來。

有一回，巴納姆找來一頭大象在他的農場裡耕地，而一位也是農場主人的朋友，看了很不以為然，說：「大象所能承擔的工作，與餵養牠的費用相比，你不覺得很划不來嗎？」

「我覺得很划算。」巴納姆回答。

在巴納姆的認知裡，大象是最適宜從事農地工作的動物了，然而他的朋友卻堅持這是毫無意義的事。

由於兩個人各執己見，互不相讓，最後巴納姆的朋友氣呼呼地說：「好！今天我倒要瞧瞧，你那隻大象究竟能拉起什麼東西？」

巴納姆微笑道：「你還不懂嗎？牠能把兩千萬美國人的好奇心拉到我這個遊樂場來啊！」

好一個「好奇心」，以此串連起第一則故事的中心旨意，從中可以看見人們常見的愚癡。

大多數人都習慣以單一面向思考，固執不懂變通，習慣選取生活中最無關緊要的選項，然後一天又一天受困於無謂的困惑中。

無論是大象也好，或能否成爲偉大名醫也好，只要腳步踩得踏實、充實，自己知道日子從未虛過，那麼眼前一切世俗名利，功過財富，都只是一件件不足提說的小事。

所以，應謹記教授的旨意：「生命轉瞬消失，唯有抱持正確的態度與生活習慣，才能真正的擁有美麗人生。」

親愛的朋友，忘了名利爭鬥吧！只要懂得堅持心中夢想，笑看橫逆，知道自己的生命意義爲何，那麼無論我們以何種面貌或姿態出現世人眼前，都會是最耀眼的一顆星。

慾望少一點，快樂多一點

生命無法重來，唯有把握此刻當下，及時改正錯誤的生活態度與觀念，繼續的人生之旅，方能笑看美麗的風景。

人總是希望能滿足心中一時的慾求，然而滿足了之後，必會發現慾望變得更難以控制，越來越積極向我們討索。

自此，我們將與幽默漸行漸遠，越來越不快樂。

少一點慾望吧！單純少慾，才能得到最純粹的快樂。

有個老煙槍因為長期抽煙，導致肺部出了狀況，經常感到噁心想吐，逼得他不得不找醫生治療。

醫生告訴他：「別再抽煙了，不然這個情況會越來越嚴重！」

老煙槍聽了，只好乖乖配合，但不久之後，他又來找醫師，說：「醫生，請你再幫我看一看，嘔吐症狀是不是由其他原因導致？」

醫師不解地問：「為什麼？」

「呃，因為我想，我如果能再嚼幾口煙草，抽幾根煙，也許能找到更多問題。」老煙槍說。

很妙的要求，卻也讓人忍不住感嘆，人們總是寧願以性命換取那麼一丁點的慾望滿足，仔細想想，多麼得不償失哪！

接下來我們再舉一例，或可得到更進一步的深思啓發：

有個男人說要戒煙好幾次，總是看不見成效。

這天，他又掏出了一根煙，神情愉悅地抽起來。

這時，身邊的好友立即提醒他：「喂，抽煙的壞處很多啊！這不只浪費錢，更傷身體。你在想抽煙的時候，不如買兩根冰棒來替代。」

「我早試過了，可那冰棒怎麼也點不著呀！」男子說。

冰棒點不著，那生命呢？

生命似長猶短，多向前走一步，長度也跟著減少一步，我們當然要以最積極的態度保護自己。

不是所有慾望燃起時都得幫它止渴，好的慾望我們可以積極迎合，好比爲求健康，反之，不好的慾望，比方對名利的渴望、只爲滿足一時口腹之慾的想望，便應當適時制止，因爲就算解得了一時之渴，也解不了後續無止盡的需求。

凡事應多爲自己著想，也多爲關心自己的人想想。

生命無法重來，唯有把握此刻當下，及時改正錯誤的生活態度與觀念，繼續的人生之旅，方能笑看美麗的風景。

11 冷靜處事，才能減少爭執

人與人之間若想多一點和諧，便要多用一些智慧，也多學會控制自己的脾氣，並多學習理性處的冷靜智慧。

冷靜處事，才能減少爭執

人與人之間若想多一點和諧，便要多用一些智慧，也多學會控制自己的脾氣，並多學習理性處的冷靜智慧。

天空忽然下起了雨，旅行者原本想再騎著馬繼續趕路，但雨越下越大，轉眼便淋溼了他一身：「不行，還是找個地方把身子烘乾才對。」

進了城裡，他找到一間小餐館，卻見裡頭擠滿了人，當然全是為了要躲這場大雨而湧進的人潮。

旅行者想盡辦法要靠近火爐，卻始終無法如願，忽然他想到了一個絕妙好計，於是對著老闆喊道：「老闆，快拿點魚去餵我的馬！」

「馬吃魚？馬不吃魚吧？」老闆也大聲反駁回去。

但是，旅行者仍然堅持道：「你別管，照我的去做就對了。」店裡的人們聽見兩個人的對話無不豎起耳朵，人人好奇心大作，紛紛跑出去外面看馬怎麼吃魚。

說到這兒，你想到些什麼沒？是的，一如聰明的你所想，大家都被好奇心驅使，出去看馬吃魚，如此一來店裡就只剩下旅行者一個人啦！

他說完話後，便輕鬆閒步到火爐旁邊坐了下來，慢慢等著這火將自己溫暖烘乾。過了一會兒，老闆和那一群七嘴八舌的好事者紛紛走進屋裡，老闆還很生氣地說：「喂，你的馬又不吃魚！」

旅行者聽了，笑著說：「這樣嗎？沒關係，你把魚放在桌子上，等我把衣服烘乾了，我自己吃。」

不必與人爭鬥，也不用向老闆提出抗議，只要動一動腦，只要用點無傷大雅的小心機，便能輕輕鬆鬆擁有自己想要的機會，又或者是保住自己的權利，就好像下面故事中士兵狄克的機智反應。

狄克正提著一瓶酒回到營地，但很不巧的是，讓他碰上了營隊裡以管理嚴苛著名的連長。果然，連長一發現他手中的酒瓶便質問：「哪裡來的酒？」

狄克見連長神色嚴厲，連忙回答說：「連長，這酒是我和上校合買的，其中有一半是屬於上校的。」

連長聽了，便說：「好，那把你那一半倒掉！」

狄克聽了，露出為難的表情：「連長，我不知道要怎麼倒，因為，我的那一半放在『上校的』下邊！」

關於這樣的答案，連長最後接不接受倒不是重點，重點是狄克靈活的反應讓人拍案叫絕。他不與連長強烈爭執，也不故意捏造謊言，而是以退爲進，先把責任目標轉移至「上校」的身上，然後玩弄一點小聰明，把「上校」擋在自己的前面去迎戰承擔，自己則暫時躲在旁邊，等待權利緊握在手後，再開開心心地享受擁有。

從中也讓我們明白了，生活不只要有隨機應變的智慧，更要有理性解決問題的

冷靜，雖然兩則故事的主角在在展現了機智的重要，但這裡最值得我們學習討論的卻不在於他們的機智，而是他們面對問題的態度。

遇到困難，遇上麻煩，除了要學會冷靜之外，更要保持理性，絕不能以情緒對付問題，好像第一則故事，如果旅人在無法靠近火堆取暖的時候，因爲寒冷與疲憊漸漸挑起壞情緒，最後除了可能與其他旅人爭吵起來之外，更有可能讓雙方因爲火氣升起而落得兩敗俱傷。

再如狄克，若不是他機警「借將」，請上校出來壓連長，那酒恐怕早被下令沒收，而他也早換得一肚子的不滿牢騷吧！

人與人之間若想多一點和諧，不讓情緒傷害了人際關係，不想再有偏執鬥爭的場面，便要多用一些智慧，也多學會控制自己的脾氣，並多學習理性處的冷靜智慧。若能如此，我們不只能爲自己建立一個成功的人際網，還能讓我們無論向哪個方向走去都無往不利！

各退一步，心裡更舒服

凡事都各退一步吧！如果連面對最愛的人都缺乏幽默應對的智慧，不肯給予包容的心，試問，又如何能擁有幸福生活？

一名婦女在下車時，不小心被公車門夾傷了右手食指，氣得控告司機謀殺，還要向客運公司索賠一百萬元。

律師聽完婦人的說明，忍不住說：「太太，只是一根手指頭受傷，恐怕無法要求他們給那麼多錢啊！」

婦人怒吼道：「誰說這只是一根手指頭！你知不知道，這隻手指可是用來指揮我丈夫的呀！」

想像婦人對著丈夫頤指氣使的模樣，再配上食指怒點的動作，想必讓不少人禁不住莞爾。

一如故事中的引導，我們也發現到，男人女人的互動，實在難有一個好的平衡點，不是男人讓女人傷心，便是女人讓男人傷腦筋，似乎在所有人際互動關係中，最難解的便是兩性之間的問題了。

只是，說難解還是得解決，畢竟兩個人若想一起走下去，總還是得把情緒丟開，不然，像下面的小馬一樣，又如何能得到幸福的完結？

「唉！我的狗竟然跑了，我真是傷心死了。」小馬難過的說。

鄰居聽了，皺著眉問：「小馬先生，就我所知，你老婆出走時，你也沒這麼激動啊！」

小馬聽了，氣憤地說：「你懂什麼！要知道，我老婆的脖子上可沒掛那三枚國際展覽會的獎章啊！」

聽著小馬嘲諷著老婆不如狗，看似氣憤難平，其實隱約還是帶著一點想念的情緒。若不是「很在乎」，情緒便不會紛起，不是嗎？

否定的話雖然傷人，但正因此更讓我們明白，男女情愛的糾結很難用表面情況來解析，即使旁人想插手幫忙，也很難成爲好的調停人。

畢竟，若是兩方的心結不能解開，再多的分析、拉攏也只是徒勞。

笑看第一個婦人的賠償理由，也笑看小馬的價值比較，我們必能輕鬆地解開男人女人的癡迷。

不如凡事都各退一步吧！如果連面對最愛的人都缺乏幽默應對的智慧，不肯給予包容的心，試問，又如何能擁有幸福生活？

所以，別再爲了面子硬撐了，把食指收回，把醜話回收，只要兩個人各退一步，我們便會立即發現：「原來，看似棘手的夫妻關係，其實是人與人之間最容易學習的課題。」

愛說大話，小心自打嘴巴

不管是在什麼情況下，都要知道有幾分本事才說幾分話，不管是否為了因應壓力或機會需要，待人處世都應該要實實在在。

旅館傳來陣陣警鈴聲，有人呼叫著：「著火了！」

不一會兒工夫，住宿的旅客紛紛從門口跑了出來。

這時，有一名男客人走進人群中，並且一派自若地說：「嗨，你們別慌張啦！想我聽見失火時，還能慢慢地從床上起身，並且為自己點上一根煙，跟著泰然自若地穿上衣服。其實，我原本想再打個領帶的，不過後來發現不太適合這件衣服，所以又把它解了下來，然後才慢慢地從逃生口走下來……」

男子說到這裡，停頓了一下，吸了一口煙，然後補充說：「各位，你們一定要記住，當危險發生時，千萬要保持鎮靜啊！」

人群中有位房客附和說：「您說的真對！」

旋即卻又有另一人補充問道：「但有件事我不太明白，請問，您為什麼沒穿褲子呢？」

面對危機，當然要冷靜理性，但是面臨生死關頭，能冷靜不緊張的人恐怕仍在極少數。

就心理學角度來看，越是緊張的人往往話越多，因爲許多人面對緊張情緒的時候，爲了減少壓力，會找別的事情來分散自己的注意力，其中「說話」是最簡單也最容易紓解的方法。

反之，也有些人爲了讓情緒快速平復，會保持安靜，幫助自己能進入冷靜且理性的思考狀態。

在這裡，我們從男子的冷靜詞句與緊張狀態中學習到，話不要說得太快，想冷靜，更需要安靜，不然在情緒化的大放厥辭之後，只會讓自己掉入野人獻曝的尷

尬，一如下面這個故事。

有個男子很喜歡向朋友吹噓自己的打獵技巧，更好說自己的高明槍法可與神槍手媲美。有一天，朋友邀他一同去打獵，指著河裡的一隻野鴨說：「那隻鴨子就交給你吧！」

「好，沒問題！」男子自信滿滿地舉起槍，然後仔細地瞄準目標，跟著便是「砰」地一聲。

「啊！」

「打中了？」有人問。

「沒有，鴨子飛走了！」另一個人大聲地說。

朋友們尷尬地你看看我，我看看你，然而這時男子卻厚著臉皮說：「這真是太奇怪了，我還是第一次看見被打中的死鴨子會飛呢！」

好說大話，當然得自己承擔自打嘴巴的結果。這男子爲了守住面子，將謊話硬拗，睜眼說瞎話，只是讓人更感質疑和否定。

人貴自知，不管是在什麼情況下，都要有幾分本事才說幾分話，不管是否爲了因應壓力或機會需要，待人處世都應該要實實在在，少誇誇其辭，如此人們自然會看見你我的眞才實力。同理，即使本事不足，只要自身不放言高論，也沒有人會大力否定你我的價値。

「大智若愚」的原則沒有人不知道，事實上越是天才獨具的人，越是想隱藏自己的天分。

人生中總會遇到關鍵時候，那時才是發揮才智的最佳良機。若是過度賣弄，讓對手知道了本領，有了早一步防備，想在關鍵時刻扭轉乾坤，恐怕就出現阻礙。不想被人發現自己的弱點，便要懂得收口不說大話的智慧，越想表現冷靜理性，越要有金口不輕易開的聰明。

用幽默的態度讓對方心服口服

想與人溝通或回應問題時，要多一點幽默感，多用點心思來尋找回應或回擊，才能讓對方輸得心服口服。

有位外交官被派到某個小偷橫行的國家，心想：「這裡的小偷真有那麼厲害嗎？我不相信，一定有辦法可以防範他們。」

於是有一天，他在口袋裡放了一個空錢包，並在裡頭裝了一張小紙條，上面寫著這麼一行字：「偷錢包的是豬！」

「我就不相信治不了你們！」外交官得意地心想，這下子肯定能把小偷好好地嘲弄一番。

準備妥當後，外交官獨自上街轉了一圈。在行進間，他很小心地防範著，結果小偷並未光顧，這讓他十分失望。

他頗為不屑地踱步回家，一進門便掏出口袋裡的錢包，並將紙條拿出來準備撕碎扔掉，但是當他拿出紙條時，卻發現上面的字已經被塗改了，寫著：「我今天偷了豬的錢包！」

外交官自以爲能捉弄小偷，卻被小偷反擺一道，由此看來，聰明反被聰明誤的外交官明顯不敵小偷的智巧。

那麼，智巧又該如何獲得？

有一位小提琴家竭盡所能地教育他的孩子，將自己傑出的小提琴演奏技巧和豐富的知識全數傳授給兒子。

他的兒子沒有讓他失望，不僅取得了非凡的成績，也有了傲人的成就。

有一天，小提琴家的老朋友對他說：「知道嗎？你兒子的演奏技巧已經超越了您啊！」

小提琴家滿臉自豪地說：「那是當然的，因為我從來沒有看過一位小提琴老師比得過我啊！」

聰明的小提琴家沒有直接點出自己的功勞，而是先讚美孩子的成就，接著幽默地帶出幕後功臣，導正了朋友的否定。

換個角度說，他的意思可解讀爲：「不必大剌剌地脫光讓人看見，也不必刻意設計讓人發現，聰明借助其他事物或方法來證明自己的能力，反而更能換得人們的信服與肯定。」

好像第一則故事一樣，想擺人一道，最好的方法是不動聲色。在嘲弄對方前，得先知道對方的行動計劃，而不是毫無準備就直接上場，否則只會讓人看見你性格急躁的短處。

想與人溝通或回應問題時，我們要多一點幽默感，多用點心思來尋找回應或回擊的好時機，如此才能讓對方心服口服。

以謙卑心態面對自然

學會了如自然般的包容關愛，並幽默看待一切，我們不僅可望因此得到更多自然助力，還能看見蘊藏在你我身上的真智慧。

一群獵人正在談論狐狸的狡猾與聰明，有個人卻反駁說：「不對，以我看來，真正狡猾的動物不是狐狸。你們知道嗎？前不久，我發現看起來像狐狸的腳印，追捕了整整一天，最後才把那隻畜牲打中。」

友人問：「那還不狡猾？你追了一天才抓到耶！」

「聽我把話說完嘛！你們可知道最後我發現什麼？」獵人得意地問。

聽眾一個個都搖頭表示不知道，這時獵人才說：「是啊！你們怎麼會知道？那時我走近一看，發現那狡猾的小傢伙居然是我家的笨狗！」

跟著獵人的腳步，不知道你跟著發現了什麼？

或許你已領悟到了，原來世上萬物以動物最狡猾聰明，至於自以爲聰明的人們，則老是在不經意中表現了自身的愚笨。在省思這個道理前，我們不妨再看下一例，然後再冷靜且理性地省思一下自以爲是的「自己」。

在湖邊，有個男子發現一名釣客的行為有些怪異，忍不住上前詢問：「先生，你為什麼要把這瓶藥倒進湖泊裡呢？」

男子冷靜地說：「是這樣的，我正在餵牠們胃藥，因為我發現這裡的魚兒胃口似乎不太好，你看我特地調了那麼多美味的魚餌，牠們硬是不肯吃，我想肯定是腸胃有問題。」

讀罷這兩則幽默卻也諷刺的小故事，想著時時自喻爲萬物之靈的人們，更讓人忍不住深思。獵人跟了老半天，結果卻連自家的獵犬也不能分辨，再聽著男子猜測魚簍空空的原因，頓覺人類面對自然的無知與自大。

對崇天敬地的老人家來說，抬頭望天，代表著人們對天的景仰，對自然天地應有的尊敬心，至於低頭望地，則代表著人們對地的敬重，對自然大地應有的謙卑心。

無論人們表現如何卓越非凡，一切總還是得歸本自然，一如生老病死最終總還是應自然之規律變化。換言之，不論人類科技如何進展進步，最終仍得依自然運行，也始終離不開自然的養育教化。

在這幾個小小的趣味故事中，分享者想告訴我們的道理如下：「不要輕看自然萬物，相較於人，生命生生不息的運行更加偉大，人類始終得從自然萬物的身上學習成長。」

因而，面對自然萬物，不要用人類自私偏頗的角度觀看，而是要學習謙卑低頭，那不僅能讓人看見自然的包容力，更能讓人更進一步從中學會知足與珍惜的道理。

學會珍惜知足，學會了如自然般的包容關愛，並幽默看待一切，我們不僅可望因此得到更多自然助力，還能看見蘊藏在你我身上的眞智慧。

童言童語常常是幽默妙語

把心靈回歸童心，無論外在如何催眠，不管外面世界如何變化，始終要像孩子一樣，幽默地面對真實的自己。

教堂裡，小麗莎舉手發問：「請問牧師先生，如果我是個好女孩，將來一定能到天國嗎？」

「當然，我的好女孩一定能到天國。」老牧師說。

「那我的貓咪怎麼辦呢？牠會跟我去嗎？」小麗莎又問。

「不能，我的好女孩，貓咪沒有靈魂，牠不能到天國去。」牧師說。

「那麼我院子裡的那些牛呢？牠們能到天國去嗎？」小麗莎又問。

牧師微笑說：「不能，我的好女孩，牛也不能到天國去啊！」

小麗莎聽了，又問：「這麼說，我每天都得跑到地獄去擠牛奶囉？」

在孩子的想法裡，世界就是這麼簡單，他們無法想像地獄天堂與現實世界的差別，就算我們說天上的雲是棉花糖做成的，他們也一樣會快樂地相信。

也因爲如此單純簡單，在孩子們的童言童語中，除了能聽到讓人莞爾的可愛話語，偶爾還能讓我們領出一些幽默對答的智慧！

小女孩莎莎這天第一次和家人一同到教堂做禮拜，在教堂內，她比所有大人都還要興奮有精神。

結束後，祖父問她：「莎莎，妳喜歡不喜歡做禮拜啊？」

小女孩先是點了點頭，跟著嘟了嘴，然後很正經地下評語：「嗯，還算喜歡，因為他們的音樂很好聽。不過，爺爺，你不覺得台上偶爾出現的那個人，『廣告時間』太長了嗎？」

非常有趣的評論，可愛、坦白、直接之中，又帶著一絲幽默，值得我們遇到類似情況時借用。

宗教世界的儀式典禮之中，無一不是歌頌信仰的神，宣揚神的美好與神奇，整場不是說神的仁慈，就是大談神蹟，除此之外，反倒很少聽見讚揚那些默默發揚仁愛之心的活菩薩。

那麼，即使眞的到了天堂又如何？最後得下地獄又如何？無法預知的未來，想再多也無用。既然活在現世，本來就要好好珍惜當下。

想想才剛誕生的新生兒，怎麼懂得什麼神蹟？孩子的成長過程，又哪裡需要神奇的魔法幫助？

就像把牧師佈道的時間解讀爲「廣告時間」的莎莎，對她來說，做禮拜若能像參加派對一樣快樂歡喜，或許更能吸引她吧！

看似童言無知的回應，很多時候其實更引人深思。

對小麗莎來說，倘若眞的有天堂地獄，死後一樣是「生」，那麼，那些生活在世上時的現實問題不也一樣存在？因而看在她眼裡，牛隻會在哪兒出現才是最重要的。

從這類帶點嘲諷宗教意味的幽默故事中，我們更清楚明白，宗教信仰重在心靈寄託，過分要求信仰的喜好或忠誠，迷信神力，都只會讓人迷失了自己，失去了自己的主體意識。

童言童語常常是幽默妙語，無論信仰任何宗教神佛，都要把心靈回歸童心，無論外在如何催眠，不管外面世界如何變化，始終要像孩子一樣，幽默地面對眞實的自己。

孩子們的未來決定於現在

完全富足的生活供需，向來不是成就成功未來的最好支持，觀念正確的教育傳遞，才是幫助孩子成就未來的重要根基。

典獄長對一位老囚犯說：「喂！你待在這兒四年了，怎麼從未看見你的兒女來探望？他們對你真是太無情了！」

囚犯揮了揮手，十分體諒地說：「不，這真的不能怪他們！他們誰也不能離開牢房一步，又怎麼能來探視我呢？」

聽到這名囚犯這麼「幽默」的說詞，想必你也會感到啼笑皆非。

不論其中罪犯的角色，再深入一點探討他的話中之話，聰明的人早想到了「上樑不正下樑歪」這句眞理。

看似幽默體諒親友無法到來的理由，實則道盡了家教失敗的結果。

我們都知道，兒童教育的重要，不只是因爲童心可貴，而是因爲一個人的性格、作爲都是自塑造的，若是根基沒能穩穩紮好，及至長大，必得辛苦地自行重修生活態度，甚至得重建走向未來的自信與勇氣。

笑看囚犯的自我調侃，深省生活的各種面向，在這裡不得不提醒大人們，不要用你的情緒教育孩子。

因爲，相較於故事中囚犯的情況，有更多的孩子其實是在看似建全的家庭中，由於家長的價值觀教化錯誤，慢慢地累積了錯誤的生活態度，出了社會之後，自然以錯誤的價值觀處世。

我們需要擔心的正是這一類孩子，看似規矩，看似無害，事實上卻是步步走向背離的方向。即便有人發現，想幫助他們懸崖勒馬，可那根深柢固的偏差認知卻不是一時半刻可以改變得了的，往往要等到他們自己受了重傷後，才知道錯誤所帶來的妨害。

再舉一個經常聽聞的情況，正可說明父母言行對子女的影響。

有位高官的兒子，闖紅燈被警察攔下來。

只見他高傲地說：「你知不知道我爸爸是誰？」

這名警察聽了，冷笑著回答說：「我只知道你闖紅燈，至於你爸爸是誰，我想你問你媽會比較清楚。」

佩服員警的機智幽默和秉公執法同時，卻也不禁替這個孩子感到憂心。姑且不論家庭背景帶給他什麼樣的態度觀念，光是無視交通規則硬闖紅燈的動作，就充滿著危險，一旦有任何狀況發生，受到傷害的終究是他的家庭。誰料得著硬闖過紅燈後，不會造成一個終生遺憾的悲劇？

再想一想，有多少父母不是載著孩子闖紅燈，或無視應該遵守的秩序，強行插隊、爭搶？

或許這些動作很平常，但轉身看著孩子們瞪大了雙眼，不知所措地站在父母身

邊，耳濡目染間，他們其實也學會了「違規」與「爭執」，並從此誤認爲這是「正確」的生活態度。

做任何動作之前，請多爲孩子想一想，那不會耽誤我們太多時間。完全富足的生活供需，向來不是成就成功未來的最好支持，觀念正確的教育傳遞，才是幫助孩子成就未來的重要根基。

思考簡化，自然減少情緒化

情緒的主控權就在我們手中，無論別人有多少複雜的想法，只要能以簡單心思回應，那麼花招再多也難敵我們的冷靜。

哈比的狗第一次在大賽中奪冠，鄰居上前向他道賀：「恭喜恭喜，你終於拿到了第一名。」

哈比一聽，糾正他說：「不對，是我的狗得到第一名啦！」

鄰居發現說錯話了，連忙道歉說：「對不起，對不起，不知道這次您的狗兒得多少獎金啊？」

鄰居還以為這次問話不會有任何問題了，沒想到哈比卻極其不悅地回答：「先生！是我得到那筆獎金！」

是狗拿到第一名，是人獲得那筆獎金，哈比的強調想必讓不少人感到困惑。名歸狗，利歸人，聽起來似乎還蠻合乎名利均分的公平原則，但如此刻意的分別卻有些滑稽可笑。

好像下面這則故事的情況一樣，總是有人喜歡把狀況複雜化，讓原本簡單易解的問題變得困難重重。

在擁擠的公車內，有個中年男子拍了拍另一個年輕男子的肩膀，然後低聲地說：「你是克氏成員嗎？」

年輕男子搖了搖頭說：「不是。」

「那麼，你家裡有任何人是克氏的成員嗎？」中年男子又問。

年輕男子依然搖搖頭說：「沒有。」

「那你的鄰居呢？」中年男子不放棄，繼續追問。

「他們一個也不是！」年輕男子有些不悅地回答。

「好，那你的朋友或熟人呢？」中年男子似乎沒發現對方已經十分不耐煩的臉色，仍然繼續發問。

「先生，所有我認識的人，沒有任何一個是克氏成員，好嗎？」年輕男子斬釘截鐵地說。

「這樣嗎？那能不能請你別再踩我的腳了？」中年男子平靜地說。

這男子就和哈比一樣，面對問題時，很不懂得抓重點。

試想，如果年輕男子真是他口中的克氏成員又如何？因此就可以找到立場不同的理由，和他爭執對抗一番？又或是因此而自認倒楣算了，繼續允許對方「踩腳」？

回顧第一則故事，名利該屬於誰並不重要，重要的是名利可齊享，大可不必分得那樣清楚，那不過更顯出一個人的小器。

第二則故事裡，是哪一派的成員也不必知道，被對方踩到腳，無論是有心還是無意，簡單看待，就把它視爲一個「不小心」，然後客氣地請他移開就好，實在沒必要再試圖尋找一個衝突點，讓彼此更添不必要的情緒對立。

好比現實生活中的青年鬥毆，多少人不過是一個眨眼，就被人視爲「有心」挑釁的動作，引發莫名的風波與爭執。仔細想想，如此待人，最終損失最大的，還不是自己？

不要老怪別人來招惹，情緒的主控權就在我們手中，無論別人是否有所圖謀，或有多少複雜的想法，即使原本有心計較，只要能以簡單的心思回應，那麼對方花招再多也難敵我們的冷靜。只要能理性應對、幽默看待，堅持不與人爭執，他們也難挑起爭鬥的情緒。

凡事輕鬆看待，也輕鬆看淡吧！不愉快只存在轉眼間，仔細想想，事過境遷之後，許多事便根本不復記憶了，不是嗎？

罵人不必帶髒字

幽默回應篇

你可以用幽默的方式，表達你的意思

美國作家豪說：「在蠻荒的古代，人們用斧頭相鬥，文明人埋掉了斧頭，他們的格鬥，靠的是舌頭。」

在用舌頭當武器的人性戰場上，如果，你想要「開罵」，不一定要出口成「髒」，不妨用「罵人不帶髒字」的方式進行調侃、反諷。幽默的說話方式，不僅可以爲彼此留下餘地，避免爆發衝突，而且更能發揮效用。

「罵人不帶髒字」的說話方式，是聰明人的回馬槍，往往能一槍刺中要害，讓對方認清自己的謬誤。

文彥博 編著

溝通智典

37

幽默的人，不會為了小事情氣不停Ⅱ

作　　者　塞德娜
社　　長　陳維都
藝術總監　黃聖文
編輯總監　王郡凌
出 版 者　普天出版家族有限公司
新北市汐止區忠二街 6 巷 15 號
TEL / (02) 26435033 (代表號)
FAX / (02) 26486465
E-mail：asia.books@msa.hinet.net
http://www.popu.com.tw/
郵政劃撥 19091443 陳維都帳戶
總 經 銷　旭昇圖書有限公司
新北市中和區中山路二段 352 號 2F
TEL / (02) 22451480 (代表號)
FAX / (02) 22451479
E-mail：s1686688@ms31.hinet.net
法律顧問　西華律師事務所・黃憲男律師
電腦排版　巨新電腦排版有限公司
印製裝訂　久裕印刷事業有限公司
出 版 日　2022 (民 111) 年 3 月第 1 版
ISBN◉978-986-389-812-2　　條碼 9789863898122

國家圖書館出版品預行編目資料

幽默的人，不會為了小事情氣不停Ⅱ／
塞德娜著.—第 1 版.—：新北市,普天出版
民 111.3 面； 公分. - (溝通智典；36)
ISBN◉978-986-389-812-2 (平裝)

普天之下・盡是好書

普天 出版家族
Popular Press Family

淩雲 文創
A-Plus Creative Company